Elie Shaddaï

# L'ÉCOLE DES PROPHÈTES

Elie Shaddaï

# L'ÉCOLE DES PROPHÈTES

## L'univers du Prophétisme Authentique

Éditions Croix du Salut

**Imprint**


Cover image: www.ingimage.com

Publisher:
Éditions Croix du Salut
is a trademark of
Dodo Books Indian Ocean Ltd. and OmniScriptum S.R.L publishing group

120 High Road, East Finchley, London, N2 9ED, United Kingdom
Str. Armeneasca 28/1, office 1, Chisinau MD-2012, Republic of Moldova, Europe
Printed at: see last page
**ISBN: 978-620-3-84607-2**

## DÉDICACE

À

- Tous les ministres de Jésus-Christ, particulièrement à tous ceux qui ont un ministère prophétique ou un don de prophétie, comme la prophétesse Esther Betchem.

Et à

- Tous ceux qui aiment et lisent la parole de l'Eternel jour et nuit, la considérant comme une lampe à leurs pieds, comme une lumière sur leur Sentier.

Apôtre Elie Shaddaï,
Ministre de Jésus-Christ

## PRÉFACE

L'École des Prophètes est un livre de théologie dont la plume de l'écrivain touche un thème évangélique assez énigmatique, pour éclairer la lanterne des lecteurs, des auditeurs, et des étudiants versés dans la théologie du prophétisme. Comme le dit l'écriture sainte, " l'Esprit de l'Eternel parle par moi, et sa parole est sur ma langue " (2Samuel 23.2).
L'étude ministérielle fondée sur le prophétisme authentique est d'une importance capitale, pour les Ministres d'Elohîm à vocation prophétique ou ayant un charisme prophétique, et pour tous les saints qui sont quant à eux, divinement appelés à examiner les prophéties sans toutefois les mépriser, tel que nous le recommande l'écriture sainte, sans éteindre l'Esprit d'Elohîm, sans ajouter foi à tout esprit en mettant de côté le discernement des esprits. À travers cette théologie du prophétisme authentique, le Saint-Esprit nous inscrit tous à l'école des prophètes, pour recevoir la saine doctrine d'Elohîm, divinement dispensée par son onction, enseignant parfait qui sonde et connaît même les profondeurs de Dieu que le genre humain ne peut découvrir ni comprendre par lui-même. Dans cette école des Prophètes, le Saint-Esprit vous appelle à plonger dans les profondeurs du prophétisme afin de mieux comprendre ou exercer le ministère et le charisme prophétiques à la lumière de la parole de vérité du Dieu vivant qui a fait les cieux et la terre, et tout ce qui s'y trouve.

Apôtre Elie Shaddaï,
Ministre de Jésus-Christ

Écrivez les Prophéties :

Sous très hautes instructions de l'Eternel le Dieu des apôtres et des prophètes, les Prophètes Bibliques ont écrit les révélations ou prophéties :

a) Le Prophète Habakuk :
Homme de Dieu, exerçant le ministère prophétique, le Prophète Habakuk reçut de l'Eternel Dieu cette injonction : « Écris la Prophétie: Grave-la sur des tables, afin qu'on la Lise couramment " (Habakuk 2.2).

Comme Habakuk le Prophète d'Elohîm notre Souverain Père, le Saint-Esprit vous appelle à écrire les prophéties, les visions, les songes, ou toute autre révélation divine.

b) Le Prophète Esaïe :

Toujours pour montrer l'importance de la littérature prophétique,
Dieu ordonna au Prophète Esaïe d'écrire les révélations qu'il recevait de lui, car il est écrit : " Va maintenant, écris ces choses devant eux sur une table, et grave-les dans un livre, afin qu'elles subsistent dans les temps à venir, éternellement et à perpétuité " (Esaïe 30.8). Écrivez les prophéties, comme ce prophète Messianique, la bouche de l'Eternel Dieu Tout-puissant. Ayez un livre des révélations divines, un livre des prophéties, un livre de tous les messages que l'Eternel vous donne, car cela vous sera d'une grande utilité demain, cela sera utile pour le ministère demain.

Apôtre Elie Shaddaï,
Ministre de Jésus-Christ

c) Le Prophète Jérémie :

Dans la même optique, l'Eternel nous enseigne par le ministère prophétique de Jérémie qu'il faut écrire les prophéties, il faut écrire les révélations, il faut écrire toutes les paroles qu'il vous communique par son Esprit. En effet, il est écrit : «Écris dans un livre toutes les paroles que je t'ai dites " (Jérémie 30.2). Ces paroles divines adressées au Prophète Jérémie, montrent aux serviteurs et servantes de l'Eternel, que la volonté divine, c'est que ses ministres veillent à bien garder par écrit, toutes les paroles qu'il leur confie, toutes les visions qu'il donne à leurs esprits. Aujourd'hui, suivant les traces des saints prophètes de l'époque patriarcale et de l'époque apostolique, nombre de prophètes et prophétesses du Dieu Tout-puissant commencent déjà à prendre conscience de l'importance de la littérature prophétique, de la littérature évangélique, en mettant par écrit les révélations divinement reçues, sachant qu'elles seront utiles pour la génération contemporaine, et pour les générations futures. Écrivez toujours les prophéties, écrivez les révélations divines, car c'est une œuvre juste aux yeux du Seigneur Jésus-Christ, le Père des apôtres et des prophètes.

## 2. l'Eternel révèle son Secret à ses prophètes (Amos 3.7)

Dans le Saint livre, le Livre des livres, nous lisons : « Car le Seigneur, l'Eternel, ne fait rien sans avoir révélé son Secret à ses Serviteurs les prophètes "(Amos 3.7). Quel privilège !!! Prophètes de l'Eternel, vous êtes les privilégiés de Dieu. Prophétesses d'Elohîm, vous êtes les privilégiées du Dieu Tout-Puissant, l'indomptable de Jacob. Ne vous sous-estimez point, car vous êtes des ministres de l'Eternel qui ont le privilège de découvrir facilement son saint Secret, car il promet dans sa parole de ne rien faire sans vous avoir dévoilé son plan, son secret. Pourquoi vous tenez-vous encore si loin d'Elohîm votre Souverain Seigneur ? Revenez à lui, prophètes, revenez à lui prophétesses, vous tous qui vous êtes écartés des voies droites du Dieu Grand et redoutable. L'Eternel tient à vous, il tient à ses Serviteurs. Serviteurs de l'Eternel, nettoyez toutes vos oreilles, et écoutez, écoutez aujourd'hui la voix sainte de l'Eternel, car l'Eternel parle à vos oreilles, il parle à vos cœurs, afin de vous communiquer distinctement sa pensée, pour vous faire voir son action future, et vous, vous ne serez point surpris de ses Actes. Béni soit l'Eternel notre Dieu, le Père des esprits des prophètes, le Dieu qui se révèle comme il veut, quand il veut, où il veut, et à qui il veut, pour annoncer longtemps avant, les choses cachées qui doivent venir à l'existence, les choses cachées que l'on ne connaît pas encore. L'Esprit de l'Eternel sondé les profondeurs de Dieu, il puise de Dieu la pensée, et il la révèle aux fils des hommes sur la terre, pour qu'ils sachent comment diriger leurs pas, et qu'ils donnent des avertissements à tous leurs vis-à-vis, pour qu'ils ne périssent point dans la géhenne. Prophètes, désirez la révélation divine, prophétesses, désirez la révélation divine, et tous ensembles, recherchez le Dieu de la révélation, recherchez le Dieu des prophètes et des esprits des prophètes.

PRIONS maintenant :

- Père Saint, Dieu des apôtres et des prophètes, que ton Esprit règne sur moi et m'ouvre grandement les yeux au nom puissant de Jésus-Christ de Nazareth.
- Seigneur Dieu Tout-puissant, Roi des esprits, visite moi et révèle moi des choses cachées par ta grâce et pour ta gloire au nom puissant de Jésus-Christ de Nazareth.
- Dieu de sagesse et de tous les mystères, révèle ton secret à ton ministre que je suis, au nom tout-puissant de Jésus-Christ.
- Ô Dieu, Dieu d'Israël, où es-tu, toi qui révèle les Secrets des chambres à coucher ? Révèle toi à moi aujourd'hui, et que les nations sachent que toi, Éternel, tu es Dieu, au-dessus de toute science, au nom précieux de Jésus-Christ de Nazareth.
- Eternel, délivre-moi de l'ignorance, et donne-moi la grâce des révélations divines intarissables au nom puissant de Jésus-Christ.
- l'Esprit de l'Eternel sonde les profondeurs de Dieu et me communique la pensée de l'Eternel au nom de Jésus-Christ.
- Je reçois la révélation du secret de l'Eternel, et je révèle sa volonté aux nations, au nom puissant.
- l'Esprit de l'Eternel parle par moi, et sa parole est sur ma langue. Amen.

**3. Le Ministère du Prophète :**

Les rôles joués dans la Bible par un prophète ou par une prophétesse constituent le ministère du Prophète ou des prophètes.

3.1. Selon (Osée 12.14) :

Dans le douzième chapitre du livre du Prophète Osée, Dieu nous révèle deux rôles importants du Prophète :

- Le Prophète opère dans la délivrance (il fit monter Israël hors d'Égypte);
- Le Prophète remplit la fonction du Berger (c'est le Prophète qui garda Israël après sa sortie d'Égypte). La Bible déclare: « Par un prophète l'Eternel fit monter Israël hors d'Égypte, Et par un prophète Israël fut gardé " (Osée 12. 14).

3.2. Selon (2 Rois 6. 1-7) :

L'Eternel révèle dans cette partie du ministère prophétique d'Elysée qu'un prophète peut diriger une assemblée ecclésiale (comme l'assemblée des prophètes ou des fils des prophètes que dirigeait le Prophète Elysée) , tel qu'il est écrit : "Les fils des prophètes dirent à Elysée : Voici, le lieu où nous sommes assis devant toi est trop étroit pour nous. Allons jusqu'au Jourdain ; nous prendrons là chacun une poutre, et nous nous y ferons un lieu d'habitation.
Elysée répondit : Allez ... " (2 Rois 6 .1-7).
Es-tu prophète de l'Eternel ? As-tu un troupeau sous ta garde ? Dirige bien le troupeau de l'Eternel, et ne l'abandonne surtout pas en chemin sans Berger.

3.3. Selon (Ephésiens 2. 20) :

Paul, Apôtre de Jésus Christ, déclare : " Vous avez été édifiés sur le fondement des apôtres et des prophètes, Jésus-Christ lui-même étant la pierre angulaire " (Ephésiens 2. 20).

Associés aux apôtres de Jésus-Christ, les prophètes œuvrent aussi dans la fondation de de l'église, Jésus-Christ étant lui-même la pierre angulaire, le véritable fondement de l'église qui est son propre Corps.

3.4. Selon (1 Corinthiens 14. 3-4)

Les prophètes, ministres de Jésus-Christ :

- Édifient l'Église du Dieu vivant, par leurs prophéties.
- Exhortent les hommes à qui ils s'adressent.
- Consolent les destinataires de leurs prophéties.

PRIONS maintenant :

- Eternel mon Père et mon Dieu, remplis moi de ton Esprit et de tes paroles au nom puissant de Jésus-Christ.
- Dieu des prophètes et de la prophétie, oins-moi d'une huile sainte pour prophétiser en ton nom toute ma vie durant, au nom de Jésus-Christ.
- Saint-Esprit, Seigneur des prophètes, réside en moi toujours, et parle par moi aux hommes, aux nations, aux royaumes, aux villes, aux villages, aux familles, et aux Églises, au nom Suprême de Jésus-Christ de Nazareth.
- Elohîm mon Dieu, que ton Saint vent m'emporte dans ta cour céleste, et mets tes paroles sur ma langue, au nom de Jésus-Christ.

- Par l'Esprit d'Elohîm, j'édifie, j'exhorte, et je console les hommes et les femmes, les nations et les royaumes, au nom puissant de Jésus-Christ.
- l'Esprit de l'Eternel est sur moi, et je prophétise la vérité sur les Églises et sur les nations, sans mélange au nom de Jésus-Christ de Nazareth.
- Père éternel, que la parole d'exhortation habite ma bouche dès maintenant et pour toujours, au nom de Jésus-Christ.
- l'Esprit de l'Eternel est sur moi, et ma langue est une langue de vérité au nom de Jésus-Christ.
- Ancien des âges, toi qui as parlé aux âges de l'Église ancienne, parle encore à ton Église et aux nations par moi en cet âge, au nom puissant de Jésus-Christ.
- Saint-Esprit, déverse sur moi de l'eau pure, et fais de moi un vase pur, un instrument de loyauté à l'Eternel, au nom de Jésus-Christ de Nazareth.
- Par l'Esprit d'Elohîm, ma bouche est pleine, et j'édifie, j'exhorte, et console l'Église de l'Eternel au nom puissant de Jésus-Christ de Nazareth.
- Père, oins ma bouche pour une nouvelle dimension de gloire ministérielle, au nom de Jésus-Christ de Nazareth. Amen.

3.5. Selon (Ephésiens 4. 11-13+) :

Les prophètes sont aussi donnés à l'Église par le Seigneur Jésus-Christ, pour le perfectionnement des saints, en vue de l'œuvre du ministère.
Toi donc qui es appelé(e) au saint ministère prophétique, œuvre aussi sans cesse pour perfectionner tous les saints, afin qu'ils servent l'Eternel efficacement, étant mieux outillés, au nom de Jésus-Christ.

3.6. Selon (Actes 21. 8-13) :
Par l'exercice de leur ministère prophétique, les prophètes révèlent, annoncent l'avenir par l'Esprit d'Elohîm, comme ce fut le cas pour le Prophète Agabus, qui révéla les choses qui devraient arriver à Paul, Apôtre de Jésus-Christ, car il est écrit : " Nous partîmes le lendemain, et nous arrivâmes à Césarée. Étant entrés dans la maison de Philippe l'évangéliste, qui était l'un des sept, nous logeâmes chez lui. Il avait quatre filles Vierges qui prophétisaient. Comme nous étions là depuis plusieurs jours, un prophète, nommé Agabus, descendit de Judée, et vint nous trouver. Il prit la ceinture de Paul, se lia les pieds et les mains, et dit : Voici ce que déclare le Saint-Esprit : L'homme à qui appartient cette ceinture, les juifs le lieront de la même manière à Jérusalem, et le livreront entre les mains des païens. Quand nous entendîmes cela, nous et ceux de l'endroit, nous priâmes Paul de ne pas monter à Jérusalem. Alors il répondit : Que faites-vous, en pleurant et en me brisant le cœur ? Je suis prêt, non seulement à être lié, mais encore à mourir à Jérusalem pour le nom du Seigneur Jésus "(Actes 21. 8 - 13). La lecture approfondie et attentive de ce texte Biblique susmentionné nous présente clairement la prophétie du prophète Agabus qui prédit ce qui devait

arriver à Paul, et cela arriva comme l'Esprit d'Elohîm l'avait si bien annoncé (lire Actes 21. 17-26, 18-40).

Prophète du Dieu Tout-puissant, opérant dans la Nouvelle Alliance, Agabus n'a pas seulement prédit le malheur de Paul ; car c'est lui qui annonça la par l'Esprit d'Elohîm, qu'il y aurait une grande famine sur toute la terre. Et cette prophétie s'accomplit sous Claude (lire Actes 11.27-28).

3.7. Selon (Actes 13.1-4):

Les prophètes dans l'Église de Jésus-Christ ne Sont pas la tête de l'Église pour dicter quoique ce soit, mais c'est le Saint-Esprit, l'Esprit de l'Eternel, l'Esprit de Jésus-Christ qui en est le véritable chef, la véritable tête de l'Église qui dicte ses lois à l'Église. Les prophètes, s'ils sont réellement de l'Eternel, sont complètement soumis aux injonctions divines, et obéissent entièrement à la voix de l'Eternel en faisant dans l'Église la volonté de l'Eternel Jésus, et non la leur. C'est le Saint-Esprit qui décida et ordonna la mise à part ou la consécration de Saül et Barnabas, Et les prophètes qui étaient dans l'Église avec les docteurs obéirent tout doucement (lire attentivement Actes 13. 1-5). Les prophètes dirigent et travaillent dans l'Église sous le haut patronage du Saint-Esprit, l'Esprit d'Elohîm, l'Esprit de Jésus-Christ.

Ce texte ci-dessus montre à suffisance qu'une église locale peut avoir plusieurs prophètes et plusieurs docteurs, contrairement à ce que le courant de l'imposture de ce siècle présente à travers son prophétisme. Dans l'église contemporaine, plusieurs s'affirment dictatorialement comme prophètes, chacun dans son ministère, et disent que l'Eternel ne peut se révéler dans ces ministères qu'à travers eux seuls (à travers le Prophète visionnaire du ministère. Quelle imposture !!! L'assemblée de l'Eternel peut être une assemblée des prophètes comme le souhaita Moïse autrefois). " N'éteignez pas l'Esprit " (1 Thessaloniciens 5.19). Laissez Dieu parler, laissez-le se révéler par qui il veut dans l'Église et dans les nations, car c'est lui le Suprême Commandant de l'Église, le Patron de l'univers, le Père des esprits des prophètes. Saint-Esprit, Seigneur de l'Église, règne puissamment et parle dans l'Église et dans les nations au nom de Jésus-Christ de Nazareth. Amen.

Apôtre Elie Shaddaï,
Ministre de Jésus-Christ

## 4. La Cour des prophètes :

(Apocalypse 4.1 ; Ezéchiel 1.1 ; Amos 3.7)

La Cour des prophètes, c'est la cour céleste, où les prophètes et tous les autres ministres de Dieu comme les apôtres, les pasteurs, les docteurs, les évangélistes, etc, Assistent au conseil de Dieu pour écouter parler l'Eternel, pour recevoir ses directives, afin de les transmettre fidèlement en son nom aux nations et aux Églises.

La Cour des prophètes, c'est aussi explicitement le Saint Conseil de l'Eternel où vont tous les ministres de Jésus-Christ, pour prendre de l'Eternel et communiquer aux Églises et aux nations.

### 4.1. Montez dans la cour céleste :

(Apocalypse 4.1)

Dans le quatrième chapitre du livre de la révélation de Jésus-Christ à l'apôtre Jean, il est écrit : « Après cela, je regardai, et voici, une porte était ouverte dans le ciel. La première voix que j'avais entendue, comme le son d'une trompette, et qui me parlait, dit : Monte ici, et je te ferai voir ce qui doit arriver dans la suite " (Apocalypse 4.1). Merveilleuse parole divine !!! Pour voir plus loin, il faut monter dans les hauteurs célestes, dans la haute cour, autrement appelée la Cour des prophètes, par le Théologien Elie Shaddaï. L'Eternel, pour montrer à Jean les visions divines parlant du futur, lui demanda de monter vers lui. Vous qui voulez voir plus loin et plus clair, vous qui voulez avoir des visions divines parlant du futur proche et du futur lointain, Montez vers l'Eternel, Montez dans la cour céleste, Montez dans la cour des prophètes, et assistez au conseil du Dieu Tout-puissant, et il vous ouvrira certainement les

yeux et vous verrez alors des nouvelles choses cachées qui s'accompliront nettement.
Prophétesses d'Elohîm, Prophètes d'Elohîm, Montez dans la cour céleste, et rencontrez-y l'Eternel, et il vous présentera l'avenir par son Esprit Saint. Apôtres, pasteurs, évangélistes, docteurs, anciens, diacres, chantres, et vous autres ministres de Jésus-Christ, Montez dans la cour céleste, Montez à la cour des grands ministres de Jésus-Christ, approchez-vous hautement de l'Eternel, entrez réellement dans sa présence, et vous verrez distinctement, vous verrez alors plus clair et net, les choses que l'œil éloigné de Dieu ne peut voir, vous entendrez ce que l'oreille éloignée de Dieu ne peut percevoir, vous connaîtrez ce que le cœur éloigné de Dieu ne peut connaître, vous expérimenterez ce que l'homme loin de Dieu ne peut vraiment expérimenter, vous parlerez de la part d'Elohîm comme jamais hommes et femmes éloignés de Dieu n'ont parlé, vous conseillerez comme aucun homme charnel ne peut conseiller, car la bouche de l'Eternel a prophétisé.

PRIONS maintenant :

- Dieu des apôtres et des prophètes, remplis-moi de ta présence au nom puissantissime de Jésus-Christ.
- Elohîm Dieu Tout-puissant, transporte moi dans les lieux élevés, et fais moi voir plus loin par ton Esprit au nom puissantissime de Jésus-Christ.
- Père céleste, rapproche moi de toi , et fais-moi entrer dans ta présence pour des expériences divines extraordinaires au nom puissantissime de Jésus-Christ.
- Eternel mon Dieu et mon Père, Berger d'Israël, introduis- moi dans ta cour, laisse-moi accéder à la cour des prophètes et fais-moi manger le

rouleau de tes prophéties authentiques au nom puissantissime de Jésus-Christ.

- Esprit de prophétie, par la grâce Messianique, descends dans ma vie, inonde ma vie, et réside de façon permanente dans ma vie au nom de Jésus-Christ.
- Que ta présence glorieuse et miraculeuse me transporte jusqu'au troisième ciel, le paradis, et me fasse voir le futur proche et lointain au nom de Jésus-Christ.
- l'Esprit de Jésus-Christ parle par moi, et sa parole est sur ma langue.
- l'Eternel me rend heureux (heureuse) par sa présence et me parle sans énigme au nom puissantissime de Jésus-Christ.
- Mes yeux sont ouverts et je vois plus loin, mes oreilles sont ouvertes et j'entends distinctement les paroles d'Elohîm au nom de Jésus-Christ.
- Eternel mon Père, élève moi aujourd'hui vers ton trône, ouvre sur-moi ton Ciel, le ciel des prophètes, afin que je vive et manifeste le surnaturel au-delà des limites passées et présentes au nom de Jésus-Christ de Nazareth.
- Père Saint, oins-moi de ton Esprit, mets un collyre divinement préparé sur mes yeux, et ouvre-les aux choses de l'Esprit, au surnaturel, au nom puissantissime et souverain de Jésus-Christ de Nazareth.
- Esprit de prophétie et des prophètes, remplis moi de toi-même, et vide moi réellement du monde, pour mieux recevoir de toi et parler de toi et par toi jour et nuit, au nom Tout-puissant de Jésus-Christ.
- Saint-Esprit, je me soumets à toi au nom de Jésus-Christ. Amen.

## 4.2. Le Ciel des prophètes :

(Ezéchiel 1. 1)

En lisant le Prophète Ezéchiel, la sainte Bible, le Saint livre d'Elohîm déclare : " La trentième année, le cinquième jour du quatrième mois, comme j'étais parmi les captifs du fleuve kebar, les cieux s'ouvrirent, et j'eus des visions divines "(Ezéchiel 1. 1).

Pour l'école des prophètes, le texte ci-dessus est l'un des superbes passages Bibliques qui enseignent les profondeurs du prophétisme divinement authentique. Dans ce texte, l'expérience prophétique du prophète Ezéchiel, ministre loyal d'Elohîm, est une extraordinaire leçon pour tous les ministres de Jésus-Christ qui ont soif d'apprendre avec Dieu, d'apprendre de Dieu, d'écouter Dieu, de recevoir des visions divines, d'opérer dans le surnaturel.

Ezéchiel, en captivité avec son peuple, fut divinement visité en terre étrangère, nonobstant son statut de captif. Quelles que soient les chaînes dans lesquels vous êtes aujourd'hui pendant que vous ne cessez de révérer l'Eternel Dieu d'Israël, sachez que vous pouvez être visités par l'Esprit d'Elohîm. Même si vous êtes en prison, tant que vous êtes le choix d'Elohîm, il vous visitera dans cette prison et vous parlera certainement. Dieu vous visitera, et il vous parlera à coup sûr, car il est le même hier, aujourd'hui et éternellement. Tu peux être en prison, mais l'Esprit de Jésus-Christ n'est pas en prison lié. Tu peux être en captivité, mais ton ennemi qui te maintient dans cette captivité ne peut emprisonner l'Esprit d'Elohîm, l'Esprit de la liberté et de l'indépendance. Peu importe ce que tu vis aujourd'hui, toi qui as l'appel prophétique ou autre appel de Dieu sur toi, tu as besoin du ciel ouvert, pour que les choses changent véritablement pour toi, pour ton peuple, pour ta nation, pour ton village, pour ta famille, pour ta cité. Tu as urgemment besoin que l'Eternel ouvre ton Ciel, car tu ne peux rien faire sous un ciel fermé. Quand le ciel est fermé, il n'y a pas de pluie, pas de manifestation du Saint-Esprit, pas de visions divines. Mais lorsque le ciel est ouvert, la pluie descend, le Saint-Esprit se manifeste et opère en toi et par toi, tu reçois les visions divines, pour prophétiser authentiquement et glorifier l'Eternel le Souverain Seigneur de l'univers.

Aussi longtemps que notre frère Ezéchiel vivait sous un ciel fermé, jamais il ne pouvait voir des visions divines, jamais il ne pouvait vivre ni manifester le surnaturel, même s'il le désirait ardemment dans son cœur jour et nuit comme toi aussi certainement. C'est lorsque que le captif Ezéchiel vit les cieux s'ouvrirent au-dessus de lui, qu'il eut des visions divines, qu'il commença à opérer dans les profondeurs du prophétisme au point d'impacter par son ministère, le peuple de Dieu de son époque, sans omettre les générations futures parmi lesquelles la nôtre qui à son époque était encore future. Tu as besoin du ciel ouvert pour une vie extraordinaire avec l'Eternel ton créateur. Lorsque ton Ciel sera ouvert, tu verras des visions divines, tu écriras les choses surnaturelles avec Dieu, tu seras une icône de la prophétie pour plusieurs générations à la gloire du Seigneur Jésus Christ, un ministre du Dieu Tout-puissant dans toute nation où l'Eternel te conduira selon son dessein tracé pour toi. Je t'invite à prier avec moi aujourd'hui et maintenant, afin que l'Eternel ouvre les cieux sur ta vie, sur ton ministère, sur ta famille ; Car si le ciel des prophètes n'est pas ouvert au-dessus de ta tête, tu ne pourras rien.

Ligne de Prière :

- Père Saint et juste, merci pour ta parole révélée à mon esprit en ce moment, au nom puissantissime de Jésus-Christ.

- Dieu des cieux, déchire les cieux en ma faveur, et donne-moi des visions divines dès maintenant, au nom puissant de Jésus-Christ. (Bis)
- Je confesse que mes yeux sont ouverts, et je vois des choses cachées, mes oreilles sont ouvertes et j'entends distinctement la voix d'Elohîm pour dévoiler les mystères cachés dans ce monde, au nom de Jésus-Christ. (3 fois)
- Comme le Prophète Ezéchiel, ô Dieu, fais-moi avoir des visions divines qui s'accomplissent nettement, pour impacter ma génération et les générations futures au nom souverain de Jésus-Christ de Nazareth. (Bis)
- l'Esprit d'Elohîm repose sur moi, et je reçois les révélations divines en toutes circonstances au nom de Jésus-Christ.
- Saint-Esprit de Dieu, détruis les écailles de mes yeux, et fais-moi voir les choses du passé, du présent, et du futur au nom puissant de Jésus-Christ de Nazareth.
- Je réside dans la présence de Dieu, et la présence de Dieu est permanente dans ma vie à jamais au nom de Jésus-Christ. (Bis)
- Esprit de Dieu, rends ministère en moi et par moi dans les nations, maintenant et à jamais, au nom de Jésus-Christ de Nazareth. (3 fois)
- Père Saint, mets un collyre dans mes yeux, et fais-moi voir sans limite jour et nuit, au nom puissant de Jésus-Christ de Nazareth.
- l'Esprit de Jésus-Christ parle par moi, et sa parole est sur ma langue.
- Mon ciel est ouvert, et j'accède à la cour des prophètes au nom de Jésus-Christ.
- Père éternel Dieu d'Israël, inonde moi de ton Esprit, et laisse couler de mon sein les fleuves d'eau vive, au nom précieux de Jésus-Christ.

- Saint-Esprit de Dieu, transporte moi dans les lieux élevés, admets moi toujours dans ta présence, afin que j'assiste toujours à ton conseil et que je reçoive jour et nuit ton instruction, pour révéler ta sainte volonté au monde, à ton Église universelle, à l'Église locale, et à toute personne qui communique avec moi, au nom puissant et souverain de Jésus-Christ.
- Eternel, que ton Ciel demeure ouvert sur ma vie, sur mon ministère, sur mon village, sur ma cité, sur ma famille, et sur toutes mes affaires au nom puissant de Jésus-Christ de Nazareth.

Amen ! Amen ! Amen !

Éminents ministres d'Elohîm, je prie que l'Eternel se révèle toujours jour et nuit à vous et ne vous cache rien de ses œuvres, car il est écrit dans le livre des livres : << Car le Seigneur, l'Eternel, ne fait rien sans avoir révélé son Secret à ses Serviteurs les prophètes >> (Amos 3. 7). Eh oui !!! Que l'Eternel vous révèle toujours son Secret afin que vous soyez différents de ceux du monde qui sont toujours surpris par des évènements divinement manifestés au nom de Jésus-Christ de Nazareth.

## 5. Le Prophétisme Féminin :

Depuis l'Ancien Testament jusqu'au Nouveau Testament, le sacerdoce est strictement et divinement réservé au genre masculin. Jamais Dieu n'a établi prêtre une femme, jamais il n'a établi pasteur une femme. Dieu n'a établi aucune femme dans le ministère ou service épiscopal (ancien ou évêque), ni dans l'Apostolat. Or, l'Eternel suscita au milieu de son peuple des ministres femmes qui étaient des diaconesses comme Phoebé (Romains 16.1), des prophétesses comme Déborah (Juges 4.3-5), Houlda (2 Rois 22.14-20), Anne (Luc 2.22-38), Myriam (Exodes 15.20), les quatre filles Vierges de l'évangéliste Philippe (Actes 21.8-9).

Bibliquement, le ministère prophétique est un ministère mixte depuis l'ancienne alliance, jusqu'à la nouvelle alliance, contrairement aux ministères pastoral, apostolique, épiscopal, etc. Le diaconat apparaît aussi comme un ministère mixte dans la Nouvelle Alliance, car on note la présence des diacres et diaconesses (Actes 6.1-6 ; Romains 16.1). L'épiscopat (ministère attribué aux anciens de l'Église autrement appelés évêques dans Actes 20.17-28) est bibliquement, exclusivement exercé par les hommes (par exemple les 70 anciens de Nombres 11. 24-30, les anciens de l'Église d'Éphèse dans Actes 20.17-28 ; lire aussi les recommandations divines sur les anciens de l'Église ou évêques dans 1 Timothée 3.1-7).

Revenant sur le ministère et le charisme prophétiques selon les Saintes écritures, il serait fort bien judicieux d'examiner le Prophétisme Féminin dans la Bible , afin d'éclairer la lanterne des étudiants en théologie prophétique, des ministres de Jésus-Christ qui confondent encore le prêtre avec le Prophète ou la prophétesse, des lecteurs de ce livre intitulé l'école des prophètes, et même des auditeurs qui, d'une manière ou d'une autre, reçoivent ce saint enseignement à travers la voix de ceux qui lisent l'apôtre Elie Shaddaï ( auteur de L'École des prophètes ).

5.1) La prophétesse Myriam :

Ministre d'Elohîm très influente parmi les femmes de son époque, Myriam, sœur d'Aaron et de Moïse, a exercé le ministère prophétique en Israël. À propos d'elle, la Bible déclare : " Marie, la prophétesse, sœur d'Aaron, prit à la main un tambourin, et toutes les femmes vinrent après elle, avec des tambourins et en dansant. Marie répondait aux enfants d'Israël : Chantez à l'Eternel, car il a fait éclater sa gloire ; il a précipité le cheval et son cavalier. Moïse fit partir Israël de la mer rouge… " (Exodes 15.20-22).

Une lecture attentive et approfondie du texte susmentionné révèle :

- Que Myriam (Marie) était reconnue comme prophétesse d'Elohîm en Israël, du temps de Moïse et d'Aaron.
- Que la prophétesse Myriam était chantre célèbre, et instrumentiste très dynamique qui influençait toutes les femmes par sa voix et sa musique, au point d'entraîner après elle, toutes les femmes qui jouèrent aussi des tambourins en dansant.
- Que la prophétesse et chantre d'Elohîm, Myriam, selon Exodes 15.1-21, conduisait le cantique et tous les enfants d'Israël (hommes et femmes) chantaient avec elle.

  La prophétesse Myriam dirigea Israël dans le chant, mais c'est Moïse qui était le principal leader du peuple d'Israël (car selon Exodes 15.22, Moïse est celui qui conduisait tout le peuple : c'est lui, par l'Esprit de Jésus-Christ qui ordonnait au peuple de marcher ou de s'arrêter).

- Que Myriam était prophétesse d'Elohîm, mais pas sacrificateur ou prêtre (elle n'était pas pasteur). Elle ne dirigeait pas une Eglise, elle n'était pas à la tête du peuple comme un sacrificateur, mais l'Eternel l'a gardée dans son couloir prophétique.

5.2) La Prophétesse Déborah :

Femme de Lappidoth, et ministre du Dieu d'Israël, Déborah exerçait un ministère prophétique notoire, bien reconnu en Israël, tel qu'il est écrit : « Dans ce temps-là, Déborah, Prophétesse, femme de Lappidoth, était juge en Israël. Elle siégeait sous le palmier de Déborah, entre Rama et Béthel, dans la montagne d'Ephraïm ; et les enfants d'Israël montaient vers elle pour être jugés "(Juges 4. 4-5).

Une bonne lecture de ce texte ci-dessus nous révèle clairement :

- Que Déborah était Prophétesse d'Elohîm, elle donnait des directives ou des injonctions prophétiques pour guider le peuple d'Israël selon la volonté divine (lire juges 4.4-7).
- Que l'Eternel Dieu d'Israël qui avait appelé au ministère prophétique Déborah, l'établit aussi juge sur Israël son peuple, afin qu'elle tranche les litiges et guide le peuple selon le droit divin, en exerçant les fonctions judiciaires, et non sacerdotales.
- Que le palmier dit de Déborah était le palais de justice de la belle étoile où Déborah siégeait et jugeait le peuple d'Israël selon les décisions judiciaires de l'Eternel Dieu d'Israël. Ce n'était pas une Eglise, mais un palais de justice, un tribunal du Dieu d'Israël.
- Que Déborah était Prophétesse et juge, mais pas prêtre, pas pasteur, pas Apôtre, pas évêque.

En vérité, en vérité, il n'est pas judicieux que les hommes et femmes imposteurs plongés dans l'apostasie et animés d'un esprit de l'erreur, d'un esprit de l'antéchrist, prennent appui sur le prophétisme et le service judiciaire de Déborah, pour proclamer les femmes pasteurs, les femmes apôtres, les femmes anciennes de l'Église ; car ce serait commettre une erreur monumentale.

5.3) La prophétesse Houlda :

Dans l'histoire du prophétisme divinement authentifié, et particulièrement dans l'histoire du prophétisme féminin, Houlda (Houlda) s'inscrit loyalement et prestigieusement. Ministre de l'Eternel, la Prophétesse Houlda exerça authentiquement son ministère dont l'impact fut notoire au palais royal, dans l'esprit du roi Josias, et dans tout le royaume de Juda, spécialement aux jours du règne de Josias, roi de Juda. En effet, il est écrit : " Et le roi donna cet ordre au sacrificateur Hilkija, à Achikam, fils de schaphan, le secrétaire, et à Asaja, serviteur du roi : Allez, consultez l'Eternel pour moi, pour le peuple, et pour tout Juda, au sujet des paroles de ce livre qu'on a trouvé ; car grande est la colère de l'Eternel, qui s'est enflammée contre nous, parce que nos pères n'ont point obéi aux paroles de ce livre et n'ont point mis en pratique tout ce qui nous y est prescrit. Le sacrificateur Hilkija, Achikam, Acbor, schaphan et Asaja, allèrent auprès de la Prophétesse Hulda, femme de schallum, fils de Thikva, fils de Harhas, gardien des vêtements. Elle habitait à Jérusalem, dans l'autre quartier de la ville. Après qu'ils eurent parlé, elle leur dit : Ainsi parle l'Eternel, le Dieu d'Israël : Dites à l'homme qui vous a envoyés vers moi: Ainsi parle l'Eternel : Voici, je vais faire venir des malheurs sur ce lieu et sur ses habitants, selon toutes les paroles du livres qu'a lu le roi de Juda... Mais vous direz au roi de Juda, qui vous a envoyés pour consulter l'Eternel : Ainsi parle l'Eternel , le Dieu d'Israël, au sujet des paroles que tu as entendues : Parce que ton cœur a été touché, parce que tu t'es humilié devant l'Éternel en entendant ce que j'ai prononcé contre ce lieu et contre ses habitants, qui seront un objet d'épouvante et de malédiction, et Parce que tu as déchiré tes vêtements et que tu as pleuré devant moi, moi aussi, j'ai entendu, dit l'Eternel. C'est pourquoi, voici, je te recueillerai auprès de tes pères, tu seras recueilli en paix dans ton sépulcre, et tes yeux ne verront pas tous les malheurs que je ferai venir sur ce lieu. Ils rapportèrent au roi cette réponse " ( 2 Rois 22.12-20).

Cet extrait du livre des livres montre à suffisance qu'une femme Prophétesse du nom de Hulda, femme de Schallum, a puissamment influencé ou impacté le roi Josias et tout le royaume de Juda, de par sa loyauté envers l'Eternel, de par son ministère prophétique. Elle connaissait bien interpréter les paroles Saintes du livre des livres autrement appelé la Bible, elle prédisait le Futur de la vie du roi Josias et celui de tout le royaume d'Israël. C'était une véritable bouche de l'Eternel, qui ne faisait jamais dans la dentelle, mais qui s'inscrit monumentalement dans le fichier des prophètes modèles à imiter par tous les ministres d'Élohîm qui se veulent loyaux et authentiques dans l'exercice du saint ministère qui leur a été divinement confié. Prophètes et Prophétesses, imitez sans honte tous les saints serviteurs et Saintes servantes de Dieu qui ont véritablement rendu ministère par l'Esprit d'Elohîm, restant fidèles à leurs postes, sans mélanger la paille au froment. Ce livre intitulé " L'Ecole des Prophètes " vous est divinement donné pour vous aider à corriger vos erreurs ministériels (pour ceux qui sont dans l'erreur), pour vous galvaniser à aimer votre ministère et à bien l'exercer avec zèle et loyauté envers l'Eternel qui vous a tous appelés, à l'exemple de Jésus-Christ et ses saints serviteurs qui servirent l'Eternel avec zèle et fidélité tous leurs jours durant. Hulda était Prophétesse d'Elohîm, mais n'était pas prêtre, car elle n'a jamais exercé comme prêtre ou sacrificateur de l'Eternel. Elle était Prophétesse d'Elohîm, mais pas à la tête d'une Église comme leader. Elle était Prophétesse d'Elohîm, mais pas un pasteur. Elle était Prophétesse d'Elohîm, mais pas un Apôtre. Elle était Prophétesse d'Elohîm, mais pas un ancien de l'Église c'est-à-dire un évêque. Femme sans doute soumise à son mari Schallum comme Déborah l'était certainement à son mari Lappidoth, Houlda reste et demeure l'une des icônes du prophétisme féminin bibliquement illustré. Son ministère était une bénédiction pour la cour royale, pour les sacrificateurs et pour tout le peuple de Juda. Ô quel privilège !!! Que pouvait désirer cette Prophétesse dans un prêtre ou un pasteur? Que pouvait désirer Hulda à la tête d'une Eglise, alors que son ministère attirait vers elle les sacrificateurs, le peuple, et la cour royale ? Rien du tout, semble-t-il . Dieu utilisait la Prophétesse Hulda très puissamment dans son couloir vocationnel, et elle n'a pas ouvert une Eglise pour y régner comme souverain pontife comme le font aujourd'hui certaines personnes, elle n'a pas recherché la première place dans le temple de l'Eternel en tant que leader, mais cette illustre femme est restée à sa place, elle est restée Prophétesse, laissant les sacrificateurs ou prêtres de son époque accomplir eux aussi leur ministère selon leur vocation divinement établi. Que celui ou celle qui a les oreilles pour entendre entende ce que nous enseigne le Saint-Esprit au sujet du ministère de la femme. Que celui ou celle qui veut ignorer la saine doctrine de Jésus-Christ ignore cet enseignement de l'école des prophètes. Mais moi, pour accomplir ma mission, je vous exhorte tous, hommes et femmes, à rentrer sur la saine doctrine de Jésus-Christ. Revenez à l'Eternel, vous qui avez Franchi vos limites, revenez à Jésus, vous qui confondez les ministères, retournez aujourd'hui et maintenant à l'Eternel, vous qui avez cru qu'il s'agit d'être prophète ou Prophétesse d'Elohîm pour ouvrir un ministère, une Eglise avec un désir de planer à la tête. JésusChrist vous aime tous, et il vous veut tous humbles et fidèles à lui et à vos postes missionnaires. Que l'Eternel te bénisse, toi qui réalises tes erreurs pendant que tu lis ce merveilleux livre inspiré du Saint-Esprit. Que l'Eternel te bénisse, toi qui décides de rentrer dans ton couloir vocationnel, toi qui décides de laisser les autres exercer leurs ministères tandis que toi tu exerces le tien, sans mélange ni mépris.

PRIONS Pour l'impact ministériel :

- Père Saint, Dieu des apôtres et des prophètes, bénis mon ministère au nom puissantissime de Jésus-Christ de Nazareth.
- Dieu de Hulda, rends glorieux mon ministère et touche les palais présidentiels, les palais royaux, et toutes les nations du monde par le canal de mon ministère, au nom puissantissime de Jésus-Christ de Nazareth.
- Elohîm notre Souverain Seigneur, oins-moi comme tu oignis la Prophétesse Hulda, et ordonne aux rois de te consulter par mon ministère, au nom puissantissime de Jésus-Christ.
- Esprit de Dieu, descends dans mon ministère, et attire les foules pour t'y consulter au nom puissantissime de Jésus-Christ.
- Dieu des patriarches et des prophètes, Père des lumières, illumine mes yeux spirituels et laisse-moi voir toutes les choses cachées sous le soleil et au-dessus du soleil, au nom puissantissime de Jésus-Christ.

- Eternel, délivre-moi de toute cécité spirituelle qui m'empêche de te voir, de voir les choses cachées, de voir le passé, et l'avenir, au nom puissantissime de Jésus-Christ de Nazareth.
- Ô mon Dieu, Donne-moi les yeux prophétiques de Samuel, d'Elie le Thischbite, d'Elysée, de Déborah, de Hulda, de Jean, et de Paul, donne moi l'Esprit qui révélait le futur à travers Agabus, au nom puissantissime de Jésus-Christ de Nazareth. Amen. Amen. Amen.

5. 4 ) La Prophétesse Anne :

La Bible déclare : " Il y avait aussi une Prophétesse, Anne, fille de Phanuel, de la tribu d'Aser. Elle était fort avancée en âge, et elle avait vécu sept ans avec son mari depuis sa virginité. Restée veuve, et âgée de quatre-vingt-quatre ans, elle ne quittait pas le temple, et servait Dieu nuit et jour dans le jeûne et dans la prière. Étant survenue, elle aussi, à cette même heure, elle louait Dieu, et elle parlait de Jésus à tous ceux qui attendaient la délivrance de Jérusalem " (Luc 2. 36-38) . Quel merveilleux passage Biblique pour la théologie prophétique Bibliquement illustrée !!! La fille de Phanuel, Anne, était une illustre Prophétesse d'Elohîm, publiquement et ecclésialement reconnue, car elle exerçait son ministère prophétique dans le Temple de l'Eternel à Jérusalem. Cette Prophétesse travaillait déjà pour l'Eternel Dieu d'Israël dans le Temple de Jérusalem, avant même que le Seigneur Jésus-Christ soit venu en chair au monde passant par Marie en qui il logea. Ayant expérimenté la vie dans le foyer avec son époux pendant seulement sept ans, la Prophétesse d'Elohîm, Anne, resta célibataire toute sa vie restante, après le décès de son époux. Elle décida réellement de se marier à l'Eternel Dieu d'Israël de qui elle était véritablement servante. Anne quitta l'activité sexuelle qu'elle expérimenta durant sept ans avec son époux, à compter de la période de sa virginité. Le sexe n'était donc pas maître de cette remarquable Prophétesse d'Elohîm comme il l'est pour bon nombre de serviteurs et servantes de Dieu aujourd'hui. La Prophétesse d'Elohîm qui ne quittait plus le temple de Jérusalem où elle louait et servait Dieu jour et nuit, donne à tous les ministres d'Élohîm, hommes et femmes, une sainte et majestueuse leçon de vie ministérielle, une superbe leçon de vie avec Dieu, un meilleur exemple de vie de sanctification ou de consécration dans la présence de Dieu et au saint ministère, car son attachement à Dieu est notoire, et ne peut laisser indifférent tout bon ministre ou enfant de Dieu, qui se veut saint dans sa marche avec Dieu, dans sa façon de servir l'Eternel, dans sa manière d'aimer le Dieu qu'il sert . Exerçant publiquement son ministère prophétique dans le saint Temple de Jérusalem, la Prophétesse Anne aiguisait son charisme prophétique par sa constance dans la présence divine, à travers le jeûne et la prière. Par son jeûne, la veuve Anne , Prophétesse d'Elohîm, mortifiait sa chair pour la soumettre davantage à l'obéissance de l'Eternel, et permettait à son esprit d'être de plus en plus bien disposé à communiquer avec Dieu, à communier avec Dieu, à recevoir de Dieu les révélations pour mieux communiquer au peuple la véritable pensée ou décision de l'Eternel. Le jeûne permettait aussi à la Prophétesse Anne de laisser son esprit en contact avec l'Eternel, au lieu de rester dans la distraction animée par la chair. Toujours par son jeûne, la Prophétesse Anne consacrait son corps, son âme et son esprit, ainsi que son ministère à l'Eternel son Dieu, pour mieux marquer sa génération et même les générations futures comme la nôtre par exemple. La prière était pour la Prophétesse Anne, un superbe moyen de communication avec l'Eternel qui l'avait appelée à son service, Car par sa prière, la Prophétesse Anne Parlait d'elle-même à Dieu, et des autres comme les oints de Dieu , le peuple, et les nations dont elle faisait certainement mention dans ses prières devant le trône de la grâce suprême. Par sa prière, la Prophétesse présentait à l'Eternel les problèmes de son peuple, les problèmes de la maison de Dieu dans laquelle elle était en service jour et nuit, afin d'en obtenir les solutions divines par l'intervention du Dieu d'Israël qu'elle invoquait avec foi, avec pleine assurance. Son moment de prière pouvait aussi être le moment idéal pour elle d'entendre Dieu lui parler, car Dieu parle réellement à ceux qui lui parlent avec assurance. Anne, Prophétesse d'Elohîm, le savait fort bien, c'est pourquoi, elle prit la prière comme l'un des piliers de sa marche avec l'Eternel. Ô hommes frères ! Prenez tous son exemple, aimez et pratiquez le jeûne et la prière dans votre ministère, et vous vivrez et expérimenterez le surnaturel dans votre vie et dans votre ministère, l'Église de Dieu, le Corps de Christ, même dans vos maisons.

Anne était Prophétesse d'Elohîm, mais elle n'avait jamais pris la place des prêtres ou du souverain pontife dans le Temple de Jérusalem. Elle était Prophétesse d'Elohîm, mais elle ne s'est pas proclamée pasteur. Elle était Prophétesse d'Elohîm, mais elle est restée humblement et loyalement dans son couloir vocationnel qui était le ministère prophétique qu'elle exerçait dans le temple de l'Eternel. Ô quel modèle pour les prophètes dans l'Église de Jésus-Christ aujourd'hui ! Quel modèle pour les Prophétesses dans l'Église du Seigneur Jésus-Christ aujourd'hui ! Imitez ce modèle de ministre de Dieu, et votre ministère sera glorieux selon la volonté de l'Eternel, et vous resterez à votre place, à votre poste.

Merveilleuse Prophétesse d'Elohîm, l'ointe de l'Eternel en la personne de la Prophétesse Anne, donne véritablement de très belles leçons à tous les ministres d'Élohîm qui se veulent vrais avec Dieu en toute loyauté.

La Prophétesse Anne faisait aussi de la louange et de l'évangélisation, les autres piliers de son ministère prophétique ou de sa vie spirituelle, car non seulement elle jeûnait et priait jour et nuit, mais elle louait aussi l'Eternel dans son saint temple, et parlait aussi du Seigneur Jésus-Christ à tous ceux qui attendaient la délivrance de Jérusalem. Et toi alors ? Passes-tu seulement le temps à prophétiser sans parler réellement de Jésus-Christ à tous ceux qui attendaient la délivrance ? Pourquoi ne prêches-tu pas la bonne nouvelle à ceux qui viennent vers toi, afin qu'ils connaissent Jésus-Christ notre Souverain Seigneur, qu'ils le reçoivent dans leurs cœurs et soient sauvés ? Fais comme la Prophétesse d'Elohîm, Anne, Fille de Phanuel :

- Qui exerçait son ministère prophétique dans le jeûne (Anne passait du temps avec Dieu dans le jeûne).
- Qui passait du temps avec Dieu dans la prière pendant ses moments de jeûne et hors jeûne.
- Qui passait du temps avec Dieu dans la louange ou l'adoration adressée à l'Eternel.
- Qui passait du temps avec Dieu dans le temple de l'Eternel à Jérusalem.
- Qui passait du temps avec Dieu pour recevoir la parole à communiquer au peuple.

- Qui Évangélisait ou annonçait la bonne nouvelle de Jésus-Christ à tous ceux qui attendaient la délivrance de Jérusalem.

Comme la Prophétesse Anne, les apôtres, les Prophètes et docteurs de (Actes 13.1-3) connaissaient l'importance du jeûne et de la prière, dans l'exercice de leurs ministères ; c'est pourquoi, ils passaient aussi du temps avec Dieu dans le jeûne et la prière, en servant l'Eternel, et le Saint-Esprit se révélait puissamment et audiblement à l'Église de Christ, pour diriger lui-même l'Église. Suivez cet exemple des saints apôtres comme Barnabas et Paul, des saints prophètes et docteurs, et vous verrez l'Eternel se révéler à vous, et par vous, au milieu de vous, dans l'exercice de votre ministère, dans l'Église de notre Souverain Seigneur Jésus-Christ de Nazareth.

Ligne de prière :

- Roi des esprits des prophètes, donne-moi l'onction prophétique sans mesure au nom puissantissime de Jésus-Christ de Nazareth.
- Maître des Cieux et de la terre, accorde-moi la grâce de consécration qui reposait dans la Prophétesse Anne, fille de Phanuel, au nom puissantissime de Jésus-Christ.
- Verbe suprême, donne-moi un esprit bien disposé, pour un ministère glorieux sans précédent au nom de Jésus-Christ.
- Seigneur des esprits des prophètes, que ta droite triomphante me remplisse de tes paroles Saintes qui sont Esprit et Vie, au nom de Jésus Christ.
- Eternel, que l'on sache que tu es mon Dieu, et que je me tiens réellement devant toi, te servant jour et nuit, au nom de Jésus-Christ.

- Dieu Tout-puissant, active en moi ta présence, et qu'elle fasse de moi une flamme de feu, au nom de Jésus-Christ.
- Rabbi Rabbouni, enseigne-moi à vivre dans les profondeurs de la piété et de ta sainteté, au nom de Jésus-Christ.
- Rabbi, Elohîm de l'univers, remplis-moi de l'Esprit qui était en Moïse, en Elie, en Daniel, en Pierre, en Paul et Jean, au nom puissantissime de Jésus-Christ.
- Père céleste, mets sur ma langue ton Saint Verbe, pour le révéler aux nations au nom puissantissime de Jésus-Christ.
- Règne puissamment sur ma vie, Esprit du Dieu Tout-puissant, et transporte-moi sur les hauteurs du troisième ciel, pour les visions divines, au nom puissantissime de Jésus-Christ de Nazareth.
- Esprit d'Elohîm, toi qui conduisis la Prophétesse Anne dans une nouvelle vie nantie d'expérience surnaturelle, conduis-moi à vivre une heureuse vie spirituelle, accomplissant tes saints désirs, et non ceux de la chair, au nom de Jésus-Christ.
- Père juste, oins-moi pour l'extraordinaire, afin d'impacter les générations au nom puissantissime de Jésus-Christ.
- Dieu des apôtres et des prophètes, descends sur moi ta gloire, et que l'Esprit de la prophétie m'inonde jour et nuit, pour un ministère miraculeux au nom puissantissime de Jésus-Christ.
- Dieu de Anne, donne-moi la grâce d'une vie de jeûne et de prière parfaitement réussie, au nom de Jésus-Christ.
- Abba, Père, Abba, Maranatha !

- Seigneur suprême, donne-moi une bienheureuse vie de louange et d'adoration, pour toujours attirer sur moi ta présence, au nom de Jésus-Christ.
- Eternel, répands dans mes yeux ton huile sainte, et ouvre mes yeux aux choses cachées afin que je les révèle au monde, au nom de Jésus-Christ.
- Saint-Esprit, descends sur moi ta glorieuse présence, et défends ma cause, au nom de Jésus-Christ.
- Étends mes limites, Esprit du Dieu vivant, et fais-moi voir et vivre ta gloire dans le ministère que tu m'as confié, au nom puissantissime de Jésus-Christ de Nazareth.
- Père Saint, garde-moi debout dans la foi, dans la saine doctrine, et donne-moi de parler du Christ à un grand nom, les convertissant à toi, par ta grâce et pour ta gloire, au nom puissantissime de Jésus-Christ.
- Esprit de résurrection, agis en moi avec puissance, et ressuscite tout don endormi dans ma vie au nom puissant de Jésus-Christ.
- Dieu de l'éternité, mets en moi la pensée de Christ, la pensée de l'éternité, au nom puissantissime de Jésus-Christ de Nazareth.
- Esprit d'Elohîm, toi qui opères et manifestes le miraculeux, opère des miracles par mon ministère, au nom puissantissime de Jésus-Christ.
- Je confesse ta présence en moi, Saint-Esprit ; que ta puissance me relève de tous mes chutes dans le ministère et dans tous les autres domaines de ma vie, au nom puissantissime de Jésus-Christ.
- Saint-Esprit, remplis-moi de toi, et vide-moi réellement du monde, au nom puissantissime de Jésus-Christ de Nazareth.
- Père, que ma langue parle de toi aux nations qui attendent ta délivrance au nom de Jésus-Christ. Amen! Amen! Amen.

Apôtre Elie Shaddaï,
Ministre de Jésus-Christ

**6) "N'éteignez pas l'Esprit " :**

Cette parole de l'écriture sainte est une profonde phrase venant de 1 Thessaloniciens 5.19, prononcée par le Saint-Esprit à travers l'apôtre Paul. Dans la BDS (Bible du Semeur), il est écrit : « N'empêchez pas l'Esprit de vous éclairer " (1 Thessaloniciens 5.19). Une profonde lecture de cet extrait biblique nous enseigne qu'éteindre l'Esprit c'est l'empêcher de vous éclairer, c'est l'empêcher de s'exprimer, de se révéler, de vous parler, de parler à travers vous ou par vous. C'est bien ce que font une kyrielle de gens dans l'Église de Dieu dans le monde, dans leur vie quotidienne, refusant de se soumettre au Saint-Esprit, refusant et ignorant sa voix. Laissez-vous utiliser par l'Esprit de Jésus-Christ, laissez-vous diriger par sa divine puissance. Laissez le Saint-Esprit vous parler, laissez le Saint-Esprit parler par vous à l'Église et aux nations. Laissez l'Esprit d'Elohîm s'exprimer librement dans votre ministère, car il en est le Souverain Seigneur de tous les temps, celui qui parle quand il veut, comme il veut, où il veut, et à qui il veut. Soumettez-vous au Saint-Esprit, et laissez-le régner sur vous, en vous, et dans votre ministère jour et nuit.

Avez-vous éteint le Saint-Esprit en vous? Ne ressentez-vous plus sa présence permanente dans votre vie? Avez-vous l'impression qu'il soit absent de votre vie, de votre ministère ? Vous sentez-vous orphelin ou orpheline à cause de l'absence du Saint-Esprit ou de sa présence dans votre vie, dans votre ministère ? Réveillez-vous de votre sommeil, et ravivez la flamme du don de Dieu dans votre vie, pour une nouvelle expérience surnaturelle. Que l'Eternel allume son Esprit, sa lampe dans votre vie, dans votre ministère, dans votre famille, au nom puissantissime de Jésus-Christ de Nazareth.

Apôtre Elie Shaddaï,
Ministre de Jésus-Christ

**7. "Ne méprisez pas les prophéties" :**

Lorsque nous observons attentivement l'Église de l'époque contemporaine, nous constatons malheureusement que cette parole de l'écriture sainte n'est qu'un ornement négligeable pour certaines personnes dans le ministère, dans l'Église de Jésus-Christ qui est la colonne et l'appui de la vérité, car nombre de personnes méprisent les prophéties, et méprisent les oints de Dieu par qui l'Eternel leur parle. Ne soyez pas de ceux-là, car il n'est pas convenable pour vous enfants de Dieu, de mépriser les prophéties.

Ligne de Prière :

- Père céleste, je viens m'humilier devant toi aujourd'hui, te demandant pardon, car je sais qu'un jour, j'ai méprisé les prophéties.
- Eternel, sois apaisé Envers moi, et fais-moi trouver grâce à tes yeux au nom de Jésus-Christ.
- Dieu suprême, Maître des esprits des prophètes, accorde-moi le discernement des esprits, afin que je sache faire la distinction entre ta voix et celle de l'antéchrist, au nom de Jésus-Christ.
- Seigneur, Maître de l'Esprit de la prophétie, donne-moi de voir par ton Esprit, et non par ma chair, au nom de Jésus-Christ.
- Saint-Esprit, remplis-moi de toi, inonde moi de ta Sagesse afin que je respecte tes paroles Saintes au nom de Jésus-Christ.
- Je te loue Père, Seigneur des Cieux, pour ta grâce au nom de Jésus. Amen

**8. Examinez les Prophéties :**

Dans les Saintes écritures, il est écrit : " Ne méprisez pas les prophéties. Mais examinez toutes choses, retenez ce qui est bon ; Abstenez-vous de toute espèce de mal. Que le Dieu de paix vous sanctifie lui-même tout entiers, et que votre être, l'esprit, l'âme et le corps, soit conservé irrépréhensible, lors de l'avènement de notre Souverain Seigneur Jésus-Christ (1 Thessaloniciens 5. 18-23). La lecture attentive de ce texte ci-dessus nous révèle qu'il ne faut pas mépriser les prophéties, mais il faut adopter le système ou la coutume de les examiner, pour retenir, considérer avec respect, mettre en pratique celles qui sont bonnes, celles qui viennent réellement de Jésus-Christ, puis rejeter toutes celles qui ne viennent pas de notre Souverain Seigneur Jésus-Christ.

Examiner les Prophéties, c'est tout simplement les passer toutes au laboratoire de l'Esprit d'Elohîm, pour discerner quelle est la source de ces prophéties, afin de mieux conclure sur l'authenticité de chacune d'elles, grâce à l'Esprit d'Elohîm qui nous donne le discernement des esprits, pour nous éviter d'ajouter foi à tout esprit , sans discernement.

Examiner les Prophéties consiste à éprouver les esprits, pour savoir s'ils sont de Dieu, tel qu'il est écrit : " Bien-aimés, n'ajoutez pas foi à tout esprit ; mais éprouvez les esprits, pour savoir s'ils sont de Dieu, car plusieurs faux prophètes sont venus dans le monde. Reconnaissez à ceci l'Esprit de Dieu : tout esprit qui confesse Jésus-Christ venu en chair est de Dieu ; et tout esprit qui ne confesse pas Jésus n'est pas de Dieu, c'est Celui de l'antéchrist, dont vous avez appris la venue, et qui maintenant est déjà dans le monde. Vous, petits-enfants, vous êtes de Dieu, et vous les avez vaincus, parce que celui qui est en vous est plus grand que celui qui est dans le monde " ( 1 Jean 4.1-4 ).

Examiner les prophéties est le plus souvent, chose énigmatique pour certaines personnes, et plusieurs se posent dans leurs cœurs cette question bibliquement révélée et répondue : Comment connaîtrons-nous la parole que l'Eternel n'aura Point dite ? L'extrait biblique tiré du livre de Deutéronome 18.18-22 nous donne la réponse qu'il faut à cette question : " Je leur susciterai du milieu de leurs frères un prophète comme toi, je mettrai mes paroles dans sa bouche, et il leur dira tout ce que je lui commanderai. Et si quelqu'un n'écoute pas mes paroles qu'il dira en mon nom, c'est moi qui lui en demanderai compte. Mais le prophète qui aura l'audace de dire en mon nom une parole que je ne lui aurais pas commandé de dire, ou qui parlera au nom d'autres dieux, ce prophète-là sera puni de mort. Peut-être diras-tu dans ton cœur : Comment connaîtrons-nous la parole que l'Eternel n'aura point dite ? Quand ce que dira le prophète n'arrivera pas, ce sera une parole que l'Eternel n'aura point dite. C'est par audace que le prophète l'aura dite : N'aie pas peur de lui ". Ô oui, n'aie pas peur des faux prophètes. Si l'Eternel nous demande de ne pas mépriser les prophéties, s'il nous demande d'examiner toutes choses et de retenir ce qui est bon, l'Eternel nous demande aussi de ne pas avoir peur du faux prophète, de ne pas trembler devant lui, de ne pas respecter ses fausses prophéties. Lorsque quelqu'un prophétise une chose qui ne s'accomplisse pas au temps fixé par la prophétie, vous ne devez pas avoir peur du prophète ou de la Prophétesse qui aurait par audace ou par présomption prophétisé cette chose mensongère. Par ailleurs, il est de la volonté de l'Eternel que tu respectes ou considères avec déférence tous les ministres d'Élohîm qui se tiennent dans la vérité, qui prophétisent par l'Esprit d'Elohîm les choses qui s'accomplissent nettement comme l'Eternel l'a déclaré par leur bouche. Tout bon ou vrai prophète (toute vraie Prophétesse) de Jésus-Christ est la bouche de l'Eternel. Par contre, tout faux prophète ou toute fausse

Prophétesse est la bouche du serpent ancien, oui la bouche satanique ou démoniaque. Soyez tous, prophètes ou Prophétesses, la véritable bouche de l'Eternel qui prophétise la vérité, et l'Eternel vous comblera de gloire au nom de Jésus-Christ.

Selon le texte ci-dessus, la vraie prophétie, c'est-à-dire celle qui vient de Dieu, s'accomplit toujours à coup sûr. Cependant, suffit-il qu'une prophétie s'accomplisse pour authentifier la véracité d'un prophète ou d'une Prophétesse ? L'Eternel notre Souverain Seigneur répond clairement à cette question, car il est écrit : " S'il s'élève au milieu de toi un prophète ou un songeur qui t'annonce un signe ou un prodige, et qu'il y ait accomplissement du signe ou du prodige dont il t'a parlé en disant : Allons après d'autres dieux, des dieux que tu ne connais point, et servons-les ! Tu n'écouteras pas les paroles de ce prophète ou de ce songeur, car c'est l'Eternel, votre Dieu, qui vous met à l'épreuve pour savoir si vous aimez l'Eternel, votre Dieu, de tout votre cœur et de toute votre âme. Vous irez après l'Eternel, votre Dieu, et vous le craindrez ; Vous observerez ses commandements, vous obéirez à sa voix, vous le servirez, et vous vous attacherez à lui. Ce prophète ou ce songeur sera puni de mort, car il a parlé de révolte contre l'Eternel, votre Dieu, qui vous a fait sortir du pays d'Égypte et vous a délivrés de la maison de servitude, et il a voulu te détourner de la voie dans laquelle l'Eternel, ton Dieu, t'a ordonné de marcher. Tu ôteras ainsi le mal du milieu de toi " (Deutéronome 13.1-5).

Prions pour le discernement dans le jugement des prophéties :

- Père Céleste, Dieu des esprits des prophètes, remplis-moi de ta présence au nom puissantissime de Jésus-Christ.

- Eternel mon Dieu, crée en moi un cœur pur, et renouvelle en moi un esprit bien disposé pour te servir dans l'intégrité tous mes jours durant au nom puissant de Jésus-Christ.
- Dieu des apôtres et des prophètes, Père des lumières, remplis-moi du

Saint-Esprit pour le discernement des esprits au nom de Jésus-Christ.

- Esprit d'Elohîm, Esprit du discernement, viens et réside en moi jour et nuit, pour impacter toutes mes décisions, tous mes jugements, toutes mes conclusions, au nom puissantissime de Jésus-Christ de Nazareth.
- Père Saint et véritable, descends dans ma vie et règne sur mes pensées, afin que je sois toujours à même d'examiner et de juger judicieusement chaque prophétie pour ne jamais confondre ta voix à celle de l'antéchrist, au nom de Jésus-Christ.
- Esprit des prophètes et de la prophétie authentique, descends sur moi et règne sur moi jour et nuit au nom puissantissime de Jésus-Christ.
- Père des lumières, Dieu des apôtres, que ton Esprit de sagesse, de connaissance, de révélations et du discernement soit toujours en moi, œuvre toujours en moi et par moi, en tout lieu et en tout temps, au nom Suprême de Jésus-Christ de Nazareth.
- Je rejette loin de moi et de mon ministère, tout esprit Antéchrist, et je confesse la présence permanente du Saint-Esprit en en moi au nom de Jésus-Christ.
- Maître Saint et Suprême, domine sur mon esprit au nom de Jésus-Christ. Amen. Amen. Amen.

9. Les esprits des Prophètes sont soumis aux Prophètes :

(1 Corinthiens 14. 32) :

Dans l'Église de l'époque contemporaine, le prophétisme authentique de l'église primitive est quasiment bafoué. Dans une même Église ou assemblée chrétienne, la Bible nous montre clairement qu'on retrouvait plusieurs prophètes, d'après le cas de l'Église d'Antioche (Actes 13.1+). Mais aujourd'hui, on rencontre dans plusieurs églises appelées "ministères", un seul prophète ou une seule Prophétesse par qui l'assemblée reçoit les révélations. Le prophète ou la Prophétesse qui donne des révélations dans un tel ministère, si audacieux (audacieuse), affirme le plus souvent que l'Eternel ne peut parler que par lui ou par elle, pas par une autre personne de l'Église. Quelle ignorance et quel Orgueil !!! L'Eternel ne peut-il pas se révéler à l'église par une autre personne ? L'Eternel peut bien choisir de se révéler même au Prophète ou à la Prophétesse par une autre personne, par une brebis de l'Église, par un autre dirigeant de l'Église, par un prophète qu'il peut se susciter dans l'Église. Oui, le Dieu qui se révéla à l'apôtre Paul par le prophète Agabus peut aussi se révéler à vous Prophète ou Prophétesse, par un autre ministre de Jésus-Christ dans l'église, ou par une brebis de l'Église. Toutefois, comment fonctionne le prophétisme dans l'Église, lorsque vous vous réunissez pour un Culte quelconque ? Devez-vous vous asseoir tous et vivre le théâtre ou le one-man-show de celui qui se réclame d'être le seul prophète ou de celle qui se réclame d'être la seule Prophétesse d'Elohîm dans l'Église? Loin de là, car la Bible enseigne que Vous pouvez tous prophétiser, mais chacun à son tour, pour l'édification du Corps de Christ (1 Corinthiens 14. 31). Dieu n'étant pas dans le désordre et n'aimant pas le désordre, enseigne par le Saint-Esprit à travers l'apôtre Paul sur le prophétisme et le déroulement du culte en général dans l'Église de Jésus-Christ notre Souverain Seigneur. À propos, voici ce qui est écrit : " Que faire donc, frères ? Lorsque vous vous assemblez, les uns ou les autres parmi vous ont-ils un cantique, une instruction, une révélation, une langue, une interprétation, que tout se fasse pour l'édification. En est-il qui parlent en langues, que deux ou trois au plus parlent, chacun à son tour, et que quelqu'un interprète ; S'il n'y a point d'interprète, qu'on se taise dans l'Église, et qu'on parle à soi-même et à Dieu. Pour ce qui est des prophètes, que deux ou trois parlent, et que les autres jugent ; et si un autre qui est assis a une révélation, que le premier se taise. Car vous pouvez tous prophétiser successivement, afin que tous soient instruits et que tous soient exhortés. Les esprits des prophètes sont soumis aux Prophètes ; car Dieu n'est pas un Dieu de désordre, mais de paix. Comme dans toutes les Églises des saints, que les femmes se taisent dans les assemblées, car il ne leur est pas permis d'y parler ; mais qu'elles soient soumises, selon que le dit aussi la loi. Si elles veulent s'instruire sur quelque chose, qu'elles interrogent leurs maris à la maison ; car il est malséant à une femme de parler dans l'Église. Est-ce de chez vous que la parole de Dieu est sortie ? Ou est-ce à vous seuls qu'elle est parvenue ? Si quelqu'un croit être prophète ou inspiré, qu'il reconnaisse que ce que je vous écris est un commandement du Seigneur. Et si quelqu'un l'ignore, qu'il l'ignore. Ainsi donc, frères, aspirez au don de prophétie, et n'empêchez pas de parler en langues. Mais que tout se fasse avec bienséance et avec ordre " (1 Corinthiens 14. 26 - 40). L'Eternel n'interdit pas les prophéties et les langues dans l'Église, mais il admet que deux ou trois peuvent exercer, chacun à son tour. Les prophètes ou Prophétesses doivent avoir la maîtrise de soi, pour éviter tout désordre dans l'exercice de leur ministère.

## 10. Les apôtres de Jésus-Christ, prophètes d'Elohîm :

Le ministère Apostolique, premier ministère de l'Église de Jésus-Christ, est un ministère très important dans l'Église du Seigneur, de générations en générations. Par ailleurs, il est souvent considéré dans le siècle présent comme absent, moins important, ou caduque, par les orgueilleux prophètes et docteurs qui prétendent qu'ils sont pour leur part, les maîtres de l'Église de Christ. Cette philosophie des prophètes d'aujourd'hui n'est qu'une manifestation pure et simple de la démence causée et animée par l'orgueil, oubliant et reniant que les apôtres de Jésus-Christ depuis la Bible, exercent le ministère Apostolique, et le ministère prophétique. Par exemple, les apôtres Pierre, Paul, et Jean, Ministres plénipotentiaires de Jésus-Christ notre Souverain Seigneur, exerçant aussi dans le prophétique, ont prophétisé des choses que nous vivons et voyons aujourd'hui dans l'Église et dans le monde. Car Pierre, apôtre de Jésus-Christ, prophétisa l'infiltration subtile des sectes pernicieuses dans l'Église ou au milieu des enfants de Dieu ( voir 2 Pierre 2.1+) ; Paul, apôtre de Jésus-Christ, prophétisa les temps difficiles dans les derniers jours ( voir 2 Timothée 3.1+ ) ; Jean, Ministre plénipotentiaire de Jésus-Christ, reçût les prophéties ou les révélations de Jésus-Christ, qu'il communiqua aux églises chrétiennes de tous les temps, à travers son livre prophétique appelé " Révélation " ou " Apocalypse ". Ce merveilleux livre prophétique de l'apôtre jean dévoile les prophéties du passé, les prophéties du présent, et les prophéties du futur. Tous les prophètes sérieux reconnaissent en l'apôtre Jean, un homme de Dieu qui a véritablement expérimenté le surnaturel avec l'Eternel, dans le ministère Apostolique comme prophétique, vu la grandeur et la profondeur des révélations que lui confia notre Souverain Seigneur Jésus-Christ de Nazareth.

## 11. La Consultation Prophétique: (1 Samuel 9)

Pour connaître ce qui leur arrive ou arrivera, pour connaître ce qu'ils doivent faire, pour avoir une orientation afin de bien marcher et vivre, plusieurs consultent les marabouts et les féticheurs, pour écouter la voix des esprits séducteurs ou démoniaques. Or, l'Eternel a suscité dans le monde, ses apôtres, ses prophètes et tous ses ministres, par qui les nations peuvent et doivent le consulter, quels que soient leurs problèmes, leurs questions, leurs projets, afin de recevoir la révélation divine qui puisse les orienter dans le domaine Spirituel et dans tous les autres domaines de leur vie terrestre.

À l'époque de Saül, lorsque son père perdit ses ânesses et voulut les retrouver, il envoya les chercher, son serviteur et son fils Saül. Et, après avoir cherché sans trouver, Saül dit au serviteur de son père qu'il serait mieux qu'ils rentrent, car son père s'inquiéterait certainement à leur sujet. Quant au serviteur du père de Saül, rentrer sans solution n'était pas meilleure idée, c'est pourquoi il proposa au fils de son maître d'aller consulter le prophète Samuel appelé le Voyant (tel était le nom par lequel le peuple appelait les prophètes de l'Eternel). Saül répondit qu'il n'avait rien à donner au prophète qu'ils devaient aller consulter, alors qu'il n'est pas bon selon lui, d'aller rencontrer une telle personne les mains vides. Le serviteur de son père lui dit qu'il avait un peu d'argent sur lui, qu'ils pourraient donner au prophète. Saül et le serviteur partirent, et le prophète Samuel, divinement averti de l'arrivée de Saül le Benjaminite, reçut ce jeune israélite comme le voulait l'Eternel le Dieu d'Israël. Samuel ne demanda aucune quelconque somme d'argent à Saül et ni au serviteur de son père, mais il communiqua à Saül jusqu'au lendemain, la révélation divine sur les ânesses perdues que son père avait déjà retrouvées, puis, comme le lui avait

recommandé ou ordonné l'Eternel son Dieu, le prophète Samuel oignit Saül, et lui révéla que l'Eternel l'avait désigné par onction pour être roi ou chef de son peuple. Ô qu'il est beau de consulter les ministres de Jésus-Christ ! Qu'il est agréable de consulter l'Eternel par ses ministres qui sont ses oracles ! C'est là qu'on reçoit la révélation divine au-dessus de celle qu'on désirait, comme ce fut le cas pour Saül notre frère qui, parti pour consulter l'Eternel pour les ânesses familiales perdues, reçut une parole divine à propos, et découvrit par révélation et par l'onction de Dieu dans sa vie, le véritable couloir vocationnel qui lui était réservé par l'Eternel Dieu d'Israël. Saül alla consulter l'Eternel auprès de Samuel n'étant quasiment pas une personnalité influente en Israël, mais par la révélation et l'onction divines relâchées sur sa vie, il rentra étant une autre personne, étant devenu une personnalité publique importante dans le pays d'Israël. Il était venu vers Samuel étant un simple citoyen du pays, mais l'onction et la révélation divines changèrent complètement son histoire, sa vie en faisant de lui le premier roi du pays d'Israël. Cet exemple de Saül est idéal pour galvaniser tous les croyants à se détourner des marabouts et des féticheurs, pour se tourner totalement vers l'Eternel leur créateur, en le consultant par ses véritables ministres, pour connaître sa volonté pour leur destinée, pour écouter sa voix qui oriente vers de verts pâturages, vers des lieux sûrs, sur le droit chemin. Peuples des nations, cherchez l'Eternel de tous votre cœur, consultez-le par ses ministres, pour marcher dans en toute sûreté dans ce monde. Avez-vous constaté ou remarqué une différence entre la consultation prophétique faite par Samuel, et celle que les faux prophètes du siècle présent font aujourd'hui ?
Ô oui !!! Le prophète Samuel, digne et fidèle serviteur de Dieu, ne demandait pas d'argent aux gens qui venaient le rencontrer, il ne faisait pas du don de Dieu un fond de trafic pour dépouiller les brebis ou le peuple. C'est pourquoi, vous

prophètes et Prophétesses d'aujourd'hui et de demain, vous ministres de Dieu de cette fin des temps, si vous voulez demeurez fidèles à Jésus-Christ en accomplissant loyalement votre ministère, écoutez aujourd'hui et maintenant ce que vous dit l'Eternel : " ...Vous avez reçu gratuitement, donnez gratuitement " (Matthieu 10.8). N'extorquez personne, et ne dites plus : "

On ne voit pas l'homme de Dieu les mains vides... On ne va pas vers un homme de Dieu sans argent... Pour voir le prophète, venez avec 1000f, venez avec 5000f, venez avec 10000f ...''. Bannissez cette philosophie diabolique animée de votre cupidité, par l'amour de l'argent qui est la racine de tous les maux. Travaillez pour l'Eternel de façon désintéressée, non pour avoir les biens de ce monde comme salaire, car le meilleur salaire, vous l'aurez de Jésus-Christ, si du moins vous restez ceux qu'il pourra appeler au dernier jour " Bons et fidèles serviteurs ".

Certaines personnes qui viennent consulter les serviteurs de Dieu vont encore consulter les féticheurs, clochant ainsi entre deux camps. À celles-là, ainsi parle l'Eternel : " Repentez-vous et convertissez-vous, et que chacun de vous tourne entièrement et définitivement son cœur vers moi l'Eternel votre créateur, le Saint d'Israël, l'indomptable de Jacob, et vous vivrez par ma puissance

Souveraine. Réformez vos voies, Réformez vos œuvres, et moi, je me révélerai alors à vous, je vous ferai voir le passé et le futur comme le présent, afin que vous marchiez dans ma présence avec assurance. La bouche de l'Eternel a prophétisé ". Souvenez-vous qu'il est écrit : " Confiez-vous à l'Eternel votre Dieu, et vous serez affermis ; Confiez-vous en ses prophètes, et vous réussirez " (2 chronique 20.20). Dieu veut que son peuple se confie en lui pour être inébranlable, mais il veut aussi que son peuple se confie en ses ministres pour réussir dans ses projets, pour réussir dans sa vie, pour réussir dans sa marche avec le Seigneur Jésus-Christ de Nazareth.

**12. PRIONS maintenant pour les ministres de Dieu et le peuple :**

- Berger d'Israël, tu es notre Dieu. Berger d'Israël, tu es notre Souverain Roi et Maître. Réveille ta force Seigneur, et fais-nous revivre, au nom Puissant de Jésus-Christ de Nazareth.
- Elohîm mon Père, Dieu des apôtres et des prophètes, restaure ton image dans le corps de Christ au nom de Jésus-Christ.
- Père des lumières, Dieu des esprits des prophètes, sème la crainte de ton Saint nom dans les cœurs de tes ministres au nom de Jésus-Christ de Nazareth.
- Eternel, étends puissamment ta main dans la vie de tes serviteurs et de tes servantes, et délivre des pièges du malin, tous ceux qui étaient déjà emportés par la cupidité, par l'amour de l'argent et par l'orgueil de la vie, au nom de Jésus-Christ.
- Ô Dieu de grâce et de vérité, mets en tes serviteurs les prophètes, les pasteurs, les évangélistes, les docteurs, les apôtres, les évêques et les diacres, ton Esprit de vérité et de loyauté, afin qu'ils remplissent leurs ministères jours et nuits, avec crainte et intégrité, au nom Puissant de Jésus-Christ.
- Notre Souverain Maître de l'univers, vide-nous du monde, et remplis nous de toi, aujourd'hui et maintenant, au nom Puissant et redoutable de Jésus-Christ.
- Dieu des patriarches Abraham, Isaac, et Israël, conduis-nous et tous tes ministres par ton Esprit Saint, et fais-nous atteindre l'échelle de grandeur que jamais nous ne pouvions atteindre, au nom Puissant de Jésus-Christ.

- Seigneur, Dieu des armées célestes, réprime Satan et ses démons subtilement infiltrés au milieu de nous, expose-les et déloge-les maintenant au nom de Jésus-Christ.
- Dieu du Saint Prophète Samuel, toi qui fis de ton serviteur un véritable et Puissant voyant, ouvre nos yeux, et fais-nous voir clairement, distinctement, et nettement, de près ou de loin, au nom Puissant et redoutable de Jésus-Christ.
- Mon Père, et mon Dieu, déchire les cieux, et descends ; mets un collyre à nos yeux pour une vision plus claire et plus puissante que celle des aigles, au nom Puissant de Jésus-Christ.
- Souverain Adonaï, délivre ton peuple qui cloche entre deux camps, et rends-le fidèle à toi aujourd'hui et demain au nom de Jésus-Christ.
- Père, frappe d'étourdissement tous les faux prophètes, serviteurs de Satan, qui égarent les nations au nom Puissant de Jésus-Christ.
- Que les faux prophètes marchent en plein midi avec les yeux fermés et accablés des ténèbres épaisses, au nom Puissant et redoutable de Jésus-Christ de Nazareth.
- Eternel, libère du filet de l'oiseleur, toutes les brebis perdues de la maison d'Israël qui sont encore captives des synagogues de Satan au nom de Jésus-Christ.
- Que ceux qui consultent encore aujourd'hui les spirites, soient totalement délivrés et transférés dans ton Saint Royaume au nom de Jésus-Christ.
- Dieu de puissance et de paix, chasse du milieu de ton peuple et de tes ministres, tout esprit de l'erreur, au nom de Jésus-Christ.

- Tous les Antéchrists relâchés depuis le monde des ténèbres pour rivaliser et réduire à néant l'œuvre de tes ministres, soient maintenant localisés géographiquement et dépouillés de tous leurs armements, au nom de Jésus-Christ.
- Maître de l'univers, toi qui promis de ne rien faire sans l'avoir révélé à tes serviteurs les prophètes, honore maintenant ta parole, et révèle-toi sans énigme à tes ministres au nom Puissant.
- Saint-Esprit, toi qui sondes les cœurs et les reins, donne à tes ministres la vérité pour ceinture, au nom de Jésus-Christ.
- Seigneur, vide tous les temples des féticheurs, libère les âmes captives, et détruis ces temples par le feu, au nom Puissant de Jésus-Christ de Nazareth.
- l'Esprit de l'Eternel parle par moi, et sa parole est sur ma langue.
- l'Esprit du Seigneur l'Eternel est sur moi, et ma bouche est pleine de louange et d'adoration pour le Seigneur au nom de Jésus-Christ.
- Eternel mon Rédempteur, restaure tes ministres, au nom de Jésus-Christ de Nazareth.
- Dieu des esprits des prophètes, accorde à tes prophètes et Prophétesses, des visions divines intarissables au nom de Jésus-Christ.
- Dieu de la science de tous les mystères, remplis-nous de ta présence permanente jour et nuit, et utilise-nous puissamment pendant les consultations prophétiques, pour révéler ta pensée et ta volonté à tous ceux qui viennent te chercher auprès de nous, au nom Puissant de Jésus Christ.

- Père saint, donne à tes ministres une onction de la domination suprême, et qu'ils dominent jour et nuit sur tous les ministres de Satan et sur ce dernier, au nom de Jésus-Christ.
- Saint-Esprit, règne sur nous, et remplis-nous de ta présence en tout lieu et en tout temps, au nom Puissant de Jésus-Christ de Nazareth. Amen.

## 13. La Bouche du faux prophète, une bouche démoniaque : (Apocalypse 16.13-14 ; 1 Rois 22.20-23)

Aussi vrai que les ministres de l'Eternel sont la Bouche de l'Eternel, il n'en demeure pas moins vrai que les faux prophètes ou faux ministres de Dieu soient des bouches de Satan. Depuis l'ancienne alliance, les faux prophètes pullulent parmi le peuple, cherchant à éteindre ou à faire calomnier la voix des véritables prophètes de l'Eternel. Pour mieux comprendre le mystère de la bouche démoniaque du faux prophète, il serait judicieux d'évoquer deux textes bibliques, un dans l'ancienne alliance, et l'autre dans la nouvelle alliance:

a). La bouche démoniaque des prophètes de Baal:
(1 Rois 22.20-23 +)

Au temps d'Achab roi d'Israël et de Josaphat roi de Juda, il existait une kyrielle de faux prophètes infiltrés dans le territoire d'Israël, parlant au nom de Baal et d'astarté, ces idoles adorées par Jézabel et Achab son époux. Nonobstant le grand nombre des faux prophètes dans le pays, on notait la présence des véritables prophètes de l'Eternel comme Elie le Thischbite, ainsi que Michée. La Bible déclare : " Et Michée dit : Écoute donc la parole de l'Eternel ! J'ai vu l'Eternel assis sur son trône, et toute l'armée des cieux se tenant auprès de lui, à sa droite et à sa gauche. Et l'Eternel dit : Qui séduira Achab, pour qu'il monte à Ramoth en Galaad et qu'il y périsse ? Ils répondirent l'un d'une manière, l'autre d'une autre. Et un esprit vint se présenter devant l'Éternel, et dit : Moi je le séduirai. L'Eternel lui dit: Comment ? Je sortirai, répondit-il, et je serai un esprit de mensonge dans la bouche de tous ses prophètes. L'Eternel dit : tu le séduiras, et tu en viendras à bout ; sors, et fais ainsi ! Et maintenant, voici, l'Eternel a mis un esprit de mensonge dans la bouche de tous tes prophètes qui sont là. Et l'Eternel a prononcé du mal contre toi " (1 Rois 22.20-23 +). Cet extrait de la Bible montre à suffisance que les prophètes qui parlaient à Achab prophétisaient du mensonge, car leurs bouches étaient sous l'emprise d'un mauvais esprit, sous l'emprise d'un esprit de mensonge. Nous pouvons très bien comprendre que c'est le mauvais esprit qui possédait les bouches des Prophètes de Baal qui s'exprimait par le biais de leurs bouches. Ces faux prophètes avaient des bouches très souillées à cause de cet esprit de mensonge. Et toi, prophète ? Et toi Prophétesse ? Et toi apôtre ? Et toi prêtre ? Et toi évêque ? Et toi diacre ? Quel est L'esprit qui s'est rendu maître de vos bouches pour vous détourner de Jésus-Christ ? Revenez à l'Eternel, et séparez-vous des démons qui vous déroutent. Tous les prophètes de Baal Prophétisèrent du mensonge, alors que la véritable prophétie sortie de la bouche de Michée s'accomplit sans doute( lire la suite du chapitre 22 de 1 Rois ).

### b). La Bouche démoniaque du faux prophète : (Apocalypse 16.13-14)

Dans le nouveau testament, parlant du faux prophète, il est écrit : " Et je vis sortir de la bouche du dragon, et de la bouche de la bête, et de la bouche du faux prophète, trois esprits impurs semblables à des grenouilles. Car ce sont des esprits de démons, qui font des prodiges, et qui vont vers les rois de toute la terre, afin de les rassembler pour le Combat du grand jour du Dieu Tout-Puissant (Apocalypse 16.13-14). Avez-vous attentivement lu ce texte Biblique ? Par lui, vous pouvez également constater que L'esprit du faux prophète est un démon de grenouille, esprit de grenouille, un esprit mensonger, par lequel le faux prophète accomplis les prodiges pour séduire le monde, et surtout séduire ceux qui n'ont pas de discernement des esprits pour voir et réaliser que le faux prophète opère par un esprit démoniaque.

PRIONS maintenant :

- Dieu de mon Salut, répands sur moi ta présence au nom de Jésus-Christ.
- Mon Père, fais luire sur moi ta face et accorde-moi ta grâce suprême au nom de Jésus-Christ.
- Ô Dieu d'Israël, éloigne de moi et de tous tes ministres, L'esprit de grenouille qui opère dans le faux prophète au nom de Jésus-Christ.
- Père, protège ma bouche contre tous les mauvais esprits qui la convoitent, au nom de Jésus-Christ.
- Seigneur, que le balai de la destruction passe sur la terre et renverse le faux prophète au nom de Jésus-Christ.
- Que l'œuvre de la bête contre mon ministère soit détruite au nom de Jésus-Christ.
- Eternel Dieu des apôtres et des prophètes, condamne et détruis le ministère du dragon, de la bête, et du faux prophète au nom de JésusChrist de Nazareth.
- Père Juste, que ta puissance Souveraine réduise à l'impuissance celle du dragon, de la bête, et du faux prophète, au nom Puissant et redoutable de Jésus-Christ.
- Eternel, garde ton Eglise par le pouvoir de ton nom, au nom de Jésus-Christ.
- Seigneur Dieu d'Israël, jette la confusion dans le Camp des imposteurs qui combattent contre la vérité en Christ au nom de Jésus-Christ.

- Roi de gloire, que ta droite triomphante se pose sur tes ministres pour leur accorder une victoire écrasante sur tous leurs ennemis au nom de Jésus-Christ. Amen. Amen. Amen.

**14. Voici ce qu'un prophète comme tout autre Ministre ou enfant de Dieu doit préserver comme David : (Psaume 51. 13)**

Deuxième roi d'Israël ayant succédé au roi Saül, David, fils d'Isaï , était aussi Psalmiste et Prophète de l'Eternel Dieu d'Israël. Homme de guerre depuis son jeune âge, le roi-prophète David, était un homme de prières, selon ses nombreuses prières contenues dans les psaumes dont il en est l'auteur dans la Bible. Dans l'une de ses prières, s'adressant à l'Eternel son Dieu, le king-Prophet (roi-prophète), David, dit : " Ne m'éloigne pas de ta face, et ne me retire pas ton Esprit Saint " (Psaume 51.13). Cette prière du king-Prophet David porte et révèle deux choses indispensables qu'il préservait précieusement dans sa vie quotidienne :

- La Présence de Dieu :

David pria l'Eternel de ne point l'éloigner de sa face, c'est-à-dire de sa présence, ayant fort bien expérimenté la présence divine dans sa vie, ayant expérimenté qu'il est merveilleux de marcher et de vivre dans la présence de Dieu jour et nuit, qu'il est agréable de ne pas perdre de vue la face de l'Eternel son Dieu.

Et toi, ministre de Jésus-Christ, cherches-tu réellement la présence de Dieu dans ta vie ? Désires-tu toujours être rempli(e) de la présence de Dieu ? Veux-tu demeurer dans la présence de Dieu comme notre frère David ? Dans ta marche quotidienne avec l'Eternel JESUS, crains-tu de perdre la présence de Dieu ou de sortir de la présence de Dieu ? Si oui, évite donc le péché, déteste le péché, combats le péché, rejette le péché, et surtout, fuis le péché, et résiste à Satan jour et nuit au nom Puissant de notre Souverain Seigneur Jésus-Christ. David, ayant commis un péché, tremblait devant l'Eternel, craignant d'être rejeté loin de la face du Seigneur l'Eternel, comme Saül son prédécesseur. Cette crainte exprimée dans sa prière devant l'Éternel Dieu montre que David aimait fort bien la Présence de Dieu, nonobstant sa faiblesse aiguisée par sa chair. Il se présenta à l'Eternel dans la prière avec un cœur repentant, car ses paroles démontrent à suffisance qu'il avait réellement déchiré son cœur devant l'Éternel Dieu d'Israël (lire toute sa prière dans le psaume 51). Qu'en est-il de vous, hommes frères, éminents ministres d'Élohîm ? Qu'en est-il de vous, majestueux enfants de Dieu ? Éprouvez-vous les mêmes sentiments que ceux qui étaient en David quand vous savez que vous vous êtes détournés de Jésus-Christ ? Craignez-vous toujours d'être rejetés par l'Eternel quand vous avez péché ? Vous devez craindre de sortir de la présence de Dieu, vous devez craindre de perdre la présence de Dieu, vous devez craindre d'être rejetés par l'Eternel notre Souverain Maître.

Cessez de jouer avec ce péché que vous entretenez dans votre cœur, dans votre vie privée, car à cause de lui, vous êtes privés de la gloire de Dieu, à cause de lui, vous vous éloignez chaque jour de votre créateur, à cause de lui, vous érigez une barrière monumentale entre vous et l'Eternel vous privant ainsi vous-mêmes de sa glorieuse présence. Êtes-vous enfants de Dieu et jouez-vous avec le péché ? Repentez-vous aujourd'hui et maintenant, car après sera trop tard, et la fin de votre jeu sera fatale, car ce jeu a pour maître Satan, l'ennemi de nos âmes, l'accusateur des frères qui ne cherche qu'à vous condamner et à vous détruire pour se féliciter et se réjouir, sachant qu'il est déjà lui-même perdu, détruit, et condamné pour étang ardent de feu et de souffre, où il y aura des pleurs et des grincements de dents. Que l'Eternel vous bénisse et vous garde dans la foi en Jésus-Christ jour et nuit, et qu'il vous aide à le servir fidèlement tous vos jours durant, au nom puissantissime de Jésus-Christ de Nazareth.

- Le Saint-Esprit, l'Esprit de Jésus-Christ :

Ayant humblement demandé à l'Eternel son Dieu de ne point l'éloigner de sa face, le king-Prophet David, va exprimer plus clairement sa crainte à l'Eternel le Dieu tout-puissant, le Dieu miséricordieux, le Dieu Compatissant, l'Eternel lent à la colère et riche en bonté de cœur. David craint que ce qui arriva à Saül le premier roi d'Israël lui arrive aussi, c'est pourquoi, il supplia l'Eternel de maintenir son Esprit Saint en lui, de ne point retirer de lui son Saint-Esprit, tel qu'il est écrit : " Ne m'éloigne pas de ta face, et ne me retire pas ton Esprit Saint "(Psaume 51.1). Ô quelle merveilleuse prière Davidique !!! Chers ministres d'Élohîm, chers lecteurs, chers étudiants en théologie, chers enfants de Dieu, ayez en vous le cœur de David, car il était l'homme selon le cœur de Dieu. N'essayez jamais de vous cacher de Dieu lorsque vous avez péché, mais jetez-vous à terre devant lui, déchirez dans sa présence vos cœurs, et non vos vêtements, suppliez l'Eternel afin qu'il ne vous prive point de sa présence et qu'il ne se retire jamais de vous. David fit cela avec un cœur sincère, et cela toucha le cœur de Dieu, et l'Eternel lui pardonna et ne lui retira pas son Saint-Esprit, or il l'avait retiré de Saül, premier roi d'Israël, qui pécha à répétition sans véritable repentance devant l'Éternel Dieu d'Israël. Qui que vous soyez, sachez que vous n'êtes rien sans l'Esprit d'Elohîm, vous n'êtes absolument rien sans l'Esprit Saint que le Seigneur Jésus-

Christ a envoyé dans les cœurs de ses élus. Préservez en vous le Saint-Esprit jalousement, demeurez constamment dans la présence de Dieu, et rassurez-vous qu'elle demeure toujours en vous jour et nuit.

Apôtre Elie Shaddaï,
Ministre de Jésus-Christ

**15. l'Eternel choisit, mais l'Eternel rejette aussi les ministres rebelles: (1 Samuel 16. 12-14+)**

L'Eternel notre Souverain Seigneur choisit et appela David à son service, pour succéder à Saül qui lui avait déjà désobéi. L'Eternel ordonna au prophète Samuel de donner l'onction à David, car c'est ce David qu'il avait choisi pour régner sur son peuple Israël. En effet, il est écrit : " Isaï l'envoya chercher. Or il était blond, avec de beaux yeux et une belle figure. L'Eternel dit à Samuel : Lève-toi, oins-le, car c'est lui ! Samuel prit la corne d'huile, et l'oignit au milieu de ses frères. L'Esprit de l'Eternel saisit David, à partir de ce jour et dans la suite. Samuel se leva et s'en alla à Rama " (1 Samuel 16.12-13). Dès que David eut reçu l'onction qui fit de lui le king-Prophet, l'Eternel qui choisit et oignit David, rejeta définitivement Saül, premier roi d'Israël, qui marcha dans la désobéissance contre les injonctions divines qui lui étaient données par l'entremise du saint Prophète Samuel. Quand Dieu rejette, il se retire lui-même de vous, il cesse d'écouter votre voix, et il décide de ne plus vous exaucer. L'Eternel rejeta alors son oint Saül qu'il avait désigné par onction pour qu'il soit le chef de son peuple, d'après la prophétie de Samuel sur Saül aux jours où ce dernier consulta le Prophète Samuel pour les ânesses perdues de son père (lire 1 Samuel 9, 1samuel 10.1-10 +). Pour montrer réellement au roi Saül qu'il l'avait déjà rejeté, l'Eternel lui retira son Saint-Esprit, l'Esprit qui déposa la royauté en lui. L'Eternel retira donc de Saül toute la royauté, en enlevant son Esprit qu'il avait mis en Saül, car il est écrit : " l'Esprit de l'Eternel se retira de Saül, qui fut agité par un mauvais esprit venant de l'Eternel " (1 Samuel 16.14). Ô Gens de toutes les nations ! Avez-vous attentivement lu et compris ce qui arriva à Saül qui autrefois était choisi par l'Eternel, appelé de l'Eternel par le ministère prophétique de Samuel, et oint de Dieu par l'éminent prophète de Dieu et Voyant Samuel ?Dieu choisit, Dieu appelle, Dieu oint, Dieu établit ses ministres, pour qu'il le servent sans aucune insurrection. Mais lorsque les ministres de Dieu deviennent des insurgés contre les ordres et commandements de l'Eternel leur créateur, ce dernier, Maître de tout et de tous, peut décider de rejeter les insurgés, et sur ce, il peut retirer d'eux le Saint-Esprit, pour les dépouiller du dépôt qu'il leur avait donné, et de sa grâce qu'ils ont foulée aux pieds par leur désobéissance. Et vous, quelle est votre position actuelle devant l'Éternel Dieu qui vous a choisis, qui vous a appelés, qui vous a oints et établis ? Marchez-vous par l'Esprit d'Elohîm pour accomplir votre mission qu'il vous a assignée ? Cherchez-vous toujours dans votre façon de travailler, à réjouir le cœur de l'Eternel ou à faire le culte de votre personnalité ? Honorez l'Eternel votre Dieu, craignez-le jour et nuit, faites-le connaître aux nations, au lieu de chercher à vous faire connaître aux nations pour votre propre gloire, en essayant subtilement d'effacer l'Eternel dans sa propre maison. Au lieu de suivre les traces de Saül, suivez les bonnes traces de David, restez toujours dépendants de Jésus-Christ, et vous conduirez au Salut ceux qui vous écoute, tout en vous dirigeant vous-mêmes par le Saint-Esprit, vers le paradis du saint d'Israël.

Vous qui avez cru en Jésus-Christ, accrochez-vous pour toujours à lui. Vous qui avez été appelés et établis par l'Eternel Jésus, ne vous rebellez point contre votre Dieu ; servez-le plutôt avec ferveur, gardez en vous le bon dépôt que vous avez de lui reçu , pour votre bonheur éternel, et surtout, pour réjouir le cœur de celui qui vous a connus d'avance, et vous a appelés et établis pour sa gloire. Que pouvez-vous si l'Eternel se retire de vous aujourd'hui ? Vous ne pourrez absolument rien faire ; et pire encore, vous serez tourmentés par un mauvais esprit venant de l'Eternel comme Saül, si l'Eternel se retire de vous. Est-ce déjà votre cas ? Vous sentez-vous déjà vidés de Dieu ? Repentez-vous.

Prions maintenant :

- Ô Dieu ! Aïe pitié de moi dans ta bonté ; Selon ta grande compassion, efface mes transgressions, par le Saint sang de l'Agneau, au nom Puissant de Jésus-Christ.
- Eternel, je reconnais mes transgressions, et tous mes péchés sont exposés devant toi. Sois apaisé envers moi, et pardonne mes péchés Seigneur, au nom de Jésus-Christ.
- Père toi qui m'as tant aimé (e), tu m'as fait ton ministre, ton enfant, pour te servir, souviens-toi de l'œuvre de Christ à la croix pour la rémission des péchés de tous les pécheurs, et fais-moi trouver grâce à tes yeux aujourd'hui, au nom de Jésus-Christ.
- Suprême et Compatissant Maître de ma vie, fais pénétrer ta sagesse au-dedans de moi, enseigne-moi à me nourrir de ta sainte volonté, au nom de Jésus-Christ.
- Dieu de grâce et de bonté, annonce-moi l'allégresse et la joie, et les os que tu as brisés se réjouiront, au nom de Jésus-Christ.
- Père céleste et magnanime, détourne ton regard de mes péchés, efface toutes mes iniquités, par le sang de l'Agneau, au nom Compatissant de Jésus-Christ de Nazareth.
- Maître suprême de l'univers, crée en moi un cœur pur, renouvelle en moi un esprit bien disposé, afin que je te serve maintenant et à jamais, d'un cœur saint et sans partage, au nom Puissant et redoutable de Jésus-Christ.

- Tout-puissant et Très-Haut, Très-saint Père, ne m'éloigne pas de ta présence, et ne me retire pas ton Esprit Saint. Garde ton Saint dépôt en moi maintenant et à jamais, au nom redoutable de Jésus-Christ.
- Ô Maître majestueux de l'univers, remplis-moi davantage de ta présence, et enseigne-moi tes voies au nom de Jésus-Christ.
- Père de miséricorde, si j'ai trouvé grâce à tes yeux, marche jour et nuit avec moi, et admets-moi toujours en ta glorieuse présence, au nom très Saint de Jésus-Christ de Nazareth.
- Souverain Pasteur et Bon Berger de tous les siècles, sonde mon cœur et mes reins, et retire de moi tout ce qui Combat ta volonté dans ma vie, au nom Puissant de Jésus-Christ de Nazareth.
- Saint-Esprit, rends-moi la joie de ton Salut, et conduis-moi durant tous mes jours pour une marche parfaite avec Dieu, pour un ministère puissamment et extraordinairement réussi pour l'a gloire de Dieu, au nom puissantissime de Jésus-Christ de Nazareth.
- Eternel Dieu de vérité et de puissance, je veux te servir, et je veux faire ta volonté dès maintenant et pour toujours. Accorde-moi la grâce d'enseigner tes voies à tous ceux qui les transgressent, afin que les pécheurs reviennent à toi, au nom Compatissant de notre Souverain Maître Jésus-Christ.
- Père, délivre-moi du péché qui m'éloignait de toi, au nom de Jésus-Christ.
- Seigneur de grâce, que ta grâce suprême source de délivrance me libère complètement de toute désobéissance, de toute insurrection qui me soulevait contre toi, au nom de Jésus-Christ.
- Mon Père et mon Dieu, renouvelle chaque matin tes bontés et tes compassions dans ma vie et dans mon ministère, au nom de Jésus-Christ.

- Ô Dieu , ne me dépouille pas de ta grâce, et ne m'enlève pas le manteau ministériel, au nom de Jésus-Christ.
- Que ton nom soit béni Eternel, car j'ai l'assurance que tu me maintiens dans ta présence à jamais au nom de Jésus-Christ. Amen. Amen. Amen.

## 16. Quel message donnez-vous aux nations, Prophètes ?

Prophètes et Prophétesses, comme tous les autres ministres de Jésus-Christ notamment les apôtres, les docteurs, les pasteurs, les évangélistes, les évêques, les diacres, vous devez donner à l'Église et aux nations du monde, le message que l'Eternel vous ordonne de proclamer, et non vos propres histoires, et non votre propre volonté. L'Eternel qui vous a tous appelés, vous a donné un message à transmettre par le Saint-Esprit, n'en fabriquez jamais un autre message. À l'exemple des apôtres de Jésus-Christ notre Souverain Seigneur, dans vos prêches, ne vous prêchez pas vous-mêmes, mais prêchez Jésus-Christ ; ne faites pas le culte de votre personnalité ni d'une autre quelconque personnalité, mais rendez un culte agréable, un culte Spirituel à l'Eternel notre Dieu, car il en est digne. Ne parlez point pour vous glorifier, mais plutôt pour glorifier l'Eternel qui vous a tous appelés et établis. Examinons maintenant l'écriture sainte, pour voir ce que prêchaient les ministres de Jésus-Christ, à l'ère de l'Église primitive. La Bible déclare : " C'est pourquoi, ayant ce ministère, selon la miséricorde qui nous a été faite, nous ne perdons pas courage. Nous rejetons les choses honteuses qui se font en secret, nous n'avons point une conduite astucieuse, et nous n'altérons point la parole de Dieu. Mais, en publiant la vérité, nous nous recommandons à toute conscience d'homme devant Dieu. Si notre Évangile est encore voilé, il est voilé pour ceux qui périssent ; pour les incrédules dont le dieu de ce siècle a aveuglé l'intelligence, afin qu'ils ne vissent pas briller la splendeur de l'Évangile de la gloire de Christ, qui est l'image de Dieu. Nous ne nous prêchons pas nous-mêmes ; c'est Jésus-Christ le Seigneur que nous prêchons, et nous nous disons vos serviteurs à cause de Jésus " (2 Corinthiens 4.1-5). Ô quel merveilleux message Apostolique !!! L'apôtre Paul, ministre plénipotentiaire de Jésus-Christ, déclare que lui et ses collaborateurs ministériels fidèles à Christ, ne falsifiaient point la parole de l'Eternel, ne diluaient pas l'Évangile de Jésus-Christ, mais ils se plaisaient à publier la vérité dans toute ses formes, sans rien craindre. Selon la Bible, l'apôtre Paul et tous les ministres fidèles de Jésus-Christ ne se prêchaient pas eux-mêmes, mais, au contraire, ils prêchaient Jésus-Christ. Celui qui est mort à la croix pour l'humanité, celui qui est ressuscité démontrant sa suprématie sur la mort et la tombe, le Souverain Maître Jésus-Christ, Rédempteur de l'humain, et Bannière des nations, le Dieu vivant et Véritable, était le Sujet de la prédication Apostolique, le sujet de la prédication de l'évangéliste et diacre Philippe, tel qu'il est écrit : " Ceux qui avaient été dispersés allaient de lieu en lieu, annonçant la bonne nouvelle de la parole. Philippe, étant descendu dans la Samarie, y prêcha le Christ "(Actes 8. 4-5). Cette portion de l'écriture sainte révèle clairement que le message qu'annonçait Philippe à toute la ville de Samarie, était Jésus-Christ, le Messie de l'Eternel, celui qui a pris la place de tous les pécheurs à la croix, pour les délivrer du péché et de l'enfer. Et toi, enfant de Dieu, et toi prophète de Dieu, et toi Prophétesse de Dieu, et toi ministre de Jésus-Christ, quel est ton message ? Quel message proclames-tu aux nations ? Est-ce Christ Jésus ? Si le Seigneur Jésus-Christ est ton message, tu fais très bien, appliques-toi davantage, et l'Eternel te bénira certainement. Même les prophètes de l'ancien testament n'avaient pas à se fabriquer des messages à annoncer au peuple, car le prophète comme Jérémie devait annoncer ce que lui chargeait l'Eternel d'annoncer. C'est pourquoi l'Eternel dit à Jérémie : " Avant que je t'eusse formé dans le ventre de ta mère, je te connaissais, et avant que tu fusses sorti de son sein, je t'avais consacré, je t'avais établi prophète des nations… Ne dis pas: Je suis un enfant. Car tu iras vers tous ceux auprès de qui je t'enverrai, et tu diras tout ce que je t'ordonnerai. Ne crains point car je suis avec toi pour te délivrer, dit l'Eternel... Voici, je mets mes paroles dans ta bouche. Regarde, je t'établis aujourd'hui sur les nations et sur les royaumes, pour que tu arraches et que tu abattes, pour que tu ruines et que tu détruises, pour que tu bâtisses et que tu plantes " (Jérémie 1.5-10).

Concernant la prophétie devenue aujourd'hui une scène théâtrale, un moment où le prophète ou la Prophétesse distrait le peuple, faisant tout sauf ce que dit la parole de l'Eternel, il serait judicieux de vous mirer au miroir de l'Eternel qu'est la parole de Dieu écrite dans la Bible, pour constater que les prophètes comme Élie leThischbite, Elysée, Samuel, Moïse, Agabus, Michée, Zacharie, Ésaïe, Jérémie, parlaient au nom de l'Eternel et pour l'Eternel, et ils n'ont pas fait du ministère prophétique un centre de distraction, un sujet de division des familles. Les prophètes authentiques de Dieu ramènent le peuple vers l'Eternel son Dieu, et les nations vers l'Eternel leur créateur. Ils élèvent l'Eternel comme l'étendard du peuple, et non eux-mêmes comme c'est le cas des faux prophètes du siècle présent. Les véritables prophètes de l'Eternel parlaient au nom de l'Eternel en disant ce que dit l'Eternel, sans rien retrancher, ni rien ajouter. Ils ne montaient pas les gens les uns contre les autres, famille contre famille, épouse contre époux, enfants contre parents, par de faux messages, par des fausses prophéties. Mais aujourd'hui, le prophétisme se confond au charlatanisme, car le Prophète ou la Prophétesse de ce siècle qui ne craint réellement pas l'Eternel se focalise sur : " Je te vois voyager... je t'ai vu mort, prie contre l'esprit de mort... l'Eternel me révèle que tu es un homme de bien, et tu auras beaucoup d'argent... Mme, ton mari te trompe avec deux femmes... tu seras l'épouse d'un blanc, tu vas rouler dans de grosses voitures... ". Sont-ce là, des paroles qualifiées de prophéties par les prophètes et Prophétesses d'aujourd'hui. Ces prophètes de ce siècle ne dénoncent pas le péché du peuple pour le ramener à l'Eternel son créateur, mais ils conduisent ce peuple dans la distraction, lui révélant tout, sauf son péché qui le sépare de Jésus-Christ. Hors, le prophète doit dénoncer le péché du peuple, et l'appeler à la repentance, pour qu'il marche et vive dans la Sanctification.

## 17. Les Actes Prophétiques ou les rites traditionnels dans l'Église ?

Le culte dans l'église contemporaine est devenu une véritable mascarade, avec le vent des cultes prophétiques, des actions ou actes prophétiques que chacun pose comme il veut et comme il pense. Sont peu nombreux, ceux qui posent des actes prophétiques poussés par le Saint-Esprit. Pour la majorité, il s'agit du copisme tendant aux rites traditionnels que font même les marabouts, les charlatans, et les féticheurs du village. Un désordre qui émane du refus de chacun d'être à son poste, selon la vocation reçue de Jésus-Christ, chacun se faisant prophète lui-même sans aucune vocation prophétique, sans être ni bipé, ni appelé par l'Eternel au ministère prophétique. Examinons maintenant l'écriture sainte, pour comprendre la vérité sur les Actes prophétiques, afin que le ministre de Jésus-Christ aujourd'hui et demain sache comment se comporter face à ce sujet ministériel très délicat.

a) L'acte prophétique posé par le prophète Elysée :

(2 Rois 13.14 - 19)

La Bible déclare : " Elysée était atteint de la maladie dont il mourut ; et Joas, roi d'Israël, descendit vers lui, pleura sur son visage, et dit : Mon père ! Mon père ! Char d'Israël et sa cavalerie ! Elysée lui dit : Prends ton arc et des flèches. Et il prit un arc et des flèches. Puis Elysée dit au roi d'Israël : Bande l'arc avec ta main. Et quand il l'eut bandé de sa main, Elysée mit ses mains sur les mains du roi, et il dit : Ouvre la fenêtre à l'orient. Et il ouvrit. Elysée dit : Tire. Et il tira. Elysée dit: C'est une flèche de délivrance de la part de l'Eternel, une flèche de délivrance contre les Syriens ; tu battras les Syriens à Aphek jusqu'à leur extermination. Elysée dit encore : Prends les flèches. Et il les prit. Elysée dit au roi d'Israël : Frappe contre terre. Et il frappa trois fois, et s'arrêta. L'homme de Dieu s'irrita contre lui, et dit : Il fallait frapper cinq ou six fois ; alors tu aurais battu les Syriens jusqu'à leur extermination ; maintenant tu les battras trois fois "(2 Rois 13.14-19). Ô merveilleux et Puissant acte prophétique, malgré l'ignorance du roi d'Israël qui ne savait pas que lorsqu'un véritable ministre de Jésus-Christ te donne une injonction prophétique sur quelque chose à faire, il faut la faire correctement et bien, jusqu'à ce que le prophète ou l'homme de Dieu lui-même te dise encore que c'est bon, ça va déjà. L'Eternel dit dans le prophète Osée : " Mon peuple est détruit, parce qu'il lui manque la connaissance..."(Osée 4.6).

Une bonne lecture de l'extrait biblique susmentionné révèle merveilleusement la vérité sur l'acte prophétique. L'action prophétique posée par l'homme de Dieu Elysée était un acte unique en son genre, posé par un ministre de Dieu en Israël. C'était un acte révélateur qui dévoilait systématiquement les choses qui devaient se passer dans le futur du peuple et du roi d'Israël. Personne n'a reproduit cet acte, parce qu'il s'agissait d'un authentique acte posé par un homme de Dieu, pas selon sa propre volonté, mais poussé par l'Eternel, oui, poussé par l'Esprit d'Elohîm, pour annoncer l'avenir. Dans le ministère d'Elysée, personne n'avait encore eu à frapper le sol pour préfigurer un combat futur dont la victoire était déjà prophétiquement acquise. Elysée n'a pas fait faire cet acte à une autre personne durant tout son ministère, parce qu'il s'agissait d'une prophétie transmise par Elysée à travers des figures comme la flèche dite de délivrance, le sol frappé symbolisant les Syriens battus d'avance avant même que la saison des Combats n'arrive. L'Eternel Dieu nous enseigne donc par le prophète Elysée que poser un acte prophétique, c'est prophétiser authentiquement par des signes, par des figures portant des messages divinement codés, que le prophète peut bien lui-même décoder par l'Esprit d'Elohîm qui agit en lui. Lorsque le roi d'Israël prit la flèche, plaça sur l'arc et tira sur ordre du prophète Elysée, ce dernier lui révéla que cette flèche était la flèche de la délivrance de la part de l'Eternel contre les Syriens, c'est-à-dire la flèche tirée symbolisait la victoire du roi d'Israël et d'Israël dans leur futur Combat contre les Syriens, tandis que le sol frappé était une image symbolisant les Syriens que devait frapper et battre Israël et son roi. L'explication du prophète Elysée démontre qu'il savait décoder les messages prophétiques codés, grâce au Saint-Esprit en lui.

Au regard du prophétisme de l'époque contemporaine, le constat est alarmant, car les actes dits prophétiques ne sont devenus que des impuissants rites traditionnels que l'homme d'église préconise quasiment à tous ceux qui viennent rencontrer Dieu dans son ministère. On note là l'absence du Saint-Esprit dans l'Église et même dans les vases prescripteurs. Il suffit qu'un prophète ou pasteur pose une action qualifiée de prophétique avec la terre (apporter la terre à l'église pour prier avec...), pour qu'on commence à voir cette même action reproduite dans un grand nombre d'églises. Si quelqu'un pose l'acte prophétique avec de l'eau par exemple, il instaure cette pratique comme une coutume à toujours observer dans l'église, et le siècle présent appelle cela action prophétique. Les vrais actes prophétiques ne sont pas monnaie courante, car ce n'est pas une coutume ou une tradition. Réveillez-vous, cherchez l'Eternel, afin qu'il se révèle à vous, et vous saurez quoi faire, car il vous parlera certainement de poser tel ou tel acte. Cessez d'œuvrer dans le corps de Christ par de vaines imitations, évitez d'être des copistes qui copient à la lettre chaque acte, venu de Dieu ou non.

Prions maintenant :

- Eternel Dieu d'Israël, réveille spirituellement ton Eglise dans ce monde au nom de Jésus-Christ.
- Dieu d'Elysée, restaure le prophétisme dans notre nation et dans ton Eglise au nom de Jésus-Christ.
- Père céleste, comme au temps des anciens prophètes de l'ancien testament, donne à tes ministres d'aujourd'hui la grâce de poser de véritables actes prophétiques qui révèlent le futur au nom de Jésus-Christ.
- Mon Père, sors du corps de Christ toute pratique contraire infiltrée derrière les actes prophétiques au nom Puissant de Jésus-Christ.
- Seigneur Dieu Tout-puissant, révèle-toi à tes ministres sans énigme, au nom de Jésus-Christ.
- Ô Dieu, libère contre nos futurs ennemis, la flèche de la délivrance, et mets-les en déroute, au nom Puissant de Jésus-Christ.
- Par la puissance du Saint-Esprit, je prends autorité sur l'ennemi de demain, et le réduis à l'impuissance, au nom de Jésus-Christ.
- Maître des esprits des prophètes, enseigne-moi à t'écouter, pour poser de véritables et redoutables Actes prophétiques au nom de Jésus-Christ.
- Eternel, que nos Actes prophétiques révèlent le Futur qui nous attend au nom de Jésus-Christ
- Mon Père et mon Dieu, redonne à ton Eglise l'Esprit qui agissait dans ton Serviteur Elysée au nom de Jésus-Christ.
- Je me soumets à l'Esprit d'Elohîm, et à sa Souveraineté, pour faire sa volonté dans mon couloir vocationnel au nom Puissant de Jésus-Christ.

  Amen.Amen.Amen.

b) Acte prophétique du prophète Jérémie : (Jérémie 51. 60 - 64)

Lorsque l'Eternel résolut de détruire Babylone, la destruction de cette ville passa par les actes prophétiques, sous le ministère du prophète Jérémie. En effet, il est écrit: " Jérémie écrivit dans un livre tous les malheurs qui devaient arriver à Babylone, toutes ces paroles qui sont écrites sur Babylone. Jérémie dit à Seraja : Lorsque tu seras arrivé à Babylone, tu auras soin de lire toutes ces paroles, et tu diras : Eternel, c'est toi qui as déclaré que ce lieu serait détruit, et qu'il ne serait plus habité ni par les hommes ni par les bêtes, mais qu'il deviendrait un désert pour toujours. Et quand tu auras achevé la lecture de ce livre, tu y attacheras une pierre, et tu le jetteras dans l'Euphrate, et tu diras : Ainsi Babylone sera submergée, elle ne se relèvera par des malheurs que j'amènerai sur elle ; ils tomberont épuisés. Jusqu'ici sont les paroles de Jérémie " (Jérémie 51. 60-64 ). Ce texte Biblique est l'un des plus grands de la Bible, mieux placé pour enseigner sur la profondeur et la puissance des actes prophétiques. C'est d'ailleurs l'un des rares actes prophétiques qu'on retrouve monnaie courante chez les marabouts, les charlatans, les féticheurs : Ces ministres de Satan appelés féticheurs écrivent parfois des imprécations contre les gens sur des papiers en des langues différentes, puis attachent cela à un objet comme un cadenas , et jettent le contenu dans les fleuves, dans les rivières, ou enterrent dans la terre contre ceux qui sont leurs cibles ou leurs victimes.

Avez-vous attentivement lu ce texte Biblique tiré de Jérémie au sujet des Actes prophétiques ? La meilleure compréhension de ce texte nous montre que pour détruire Babylone, le prophète Jérémie a écrit contre elle, toutes les sentences; il ordonna à son homme de main de les lire à Babylone, puis de prendre une Pierre pour attacher à cette feuille prophétique ; Après lecture, l'homme de main du prophète Jérémie devait jeter cela dans l'eau déclarant ainsi la chute de Babylone, et cela devait s'accomplir (Babylone fut réellement renversée et détruite). Avec Jérémie, nous constatons encore que poser un acte prophétique, c'est prophétiser authentiquement par une image, par une figure, ou par des signes. Le prophète symbolisa Babylone par le paquet contenant des prophéties attachées à une pierre ramassée, et en jetant ces choses dans l'eau, il sait que c'est Babylone elle-même qu'il précipite ainsi dans les profondeurs des eaux. Dans le continent africain par exemple, les pratiques occultes, les pratiques de sorcellerie, utilisent des objets ou figurines, désignant des personnes par ces figurines, afin de mieux les manipuler, afin de mieux les détruire. N'est-ce pas une méthode inspirée de la Bible qui fonctionne ? Toi qui écoutes et lis ceci, es-tu persuadé (e) qu'un féticheur ne t'a pas détruit la vie ainsi par des figurines ? Si tel est le cas, une prière sérieuse s'impose pour ta délivrance.

Prions maintenant :

- Souverain Seigneur des armées célestes, détruis toute sorcellerie opérée contre moi et ma famille, au nom de Jésus-Christ.
- Tout envoûtement pratiqué par des figures contre ma destinée prend feu maintenant au nom de Jésus-Christ.
- Je détruis tout régime de sorcellerie tourné contre ma carrière professionnelle ou ministérielle, au nom de Jésus-Christ.
- Eternel des armées, déchire et détruis, de tout livre de prophétie rédigé pour ma destruction, au nom Puissant de Jésus-Christ.
- J'incendie de feu, tout agent des ténèbres qui crie et prophétise pour me détruire, au nom de Jésus-Christ.
- Père, manifeste ta puissance Souveraine contre le rédacteur de ma condamnation, et le proclamateur de ma sentence dans les ténèbres, au nom de Jésus-Christ.

- Tout acte prophétique fait contre mon destin soit réduit à l'impuissance, au nom de Jésus-Christ.
- Mon Dieu, que toute pierre ramassée pour contre ma vie, soit brisée au nom de Jésus-Christ.
- Dieu des armées célestes, n'écoute pas les mots de ceux qui crient pour me détruire ; Écoute ma voix, et délivre-moi de la flèche noire au nom de Jésus-Christ.
- Tout système de sorcellerie opérant par des actes prophétiques sataniques, prend feu maintenant au nom Puissant.
- Roi des vainqueurs, déchire tout acte de condamnation rédigé par une confrérie contre mon âme, et incendie de feu, les mains diaboliques qui attachent des choses contre moi, au nom de Jésus-Christ.
- Je refuse d'être traité (e) comme Babylone, et j'annule toutes mauvaises sentences prononcées contre moi au nom de Jésus-Christ.
- Qu'un tonnerre de feu soit relâché contre les Puissances maléfiques qui s'attaqueraient à ma vie par une quelconque délibération, au nom de Jésus-Christ.
- Toute promulgation de lois sataniques contre ma destinée, soit annulée au nom Puissant de Jésus-Christ.
- Tout paquet ou cadenas jeté dans les eaux pour m'enfoncer, remonte à la surface et sort de l'eau, au nom de Jésus-Christ.
- Père, relève moi et fais-moi émerger, partout où j'étais déjà noyé (e) , au nom Puissant de Jésus-Christ de Nazareth.
- Eternel, délivre-moi de toute ignorance qui me faisait périr, et restaure ma vie au nom de Jésus-Christ.

- Seigneur, que l'Esprit de vérité descende et demeure en moi maintenant et à jamais, au nom de Jésus-Christ.
- Esprit des saints prophètes de l'Eternel, viens et inonde moi au nom de Jésus-Christ.
- Dieu de ma délivrance, que tout cercle démoniaque qui m'attaque reçoive une Flèche puissamment aiguisée, et soit abattu au nom de Jésus-Christ.
- Satan, que l'Eternel mon Dieu te réprime, au nom de Jésus-Christ.
- Toute flèche ennemie qui m'a atteint (e) , soit arrachée et détruite par l'ouragan de l'Eternel, au nom de Jésus-Christ.
- Je confesse la présence et la puissance du Saint-Esprit sur ma vie et dans ma vie au nom de Jésus-Christ.
- Toute bouche prophétisant contre ma vie, soit stoppée au nom de Jésus-Christ.
- Je suis de l'Eternel des armées, et je ne tomberai point comme Babylone au nom de Jésus-Christ.
- Maître de guerre et des cieux, paralyse et brûle toute main qui m'a condamné à la misère et à la médiocrité, au nom de Jésus-Christ.
- Saint-Esprit, rends-moi la joie de ma délivrance, au nom de Jésus-Christ.
- Maître suprême des armées célestes, relâche sur moi ta grâce suprême pour un ministère émergent au nom de Jésus-Christ.
- Béni soit de l'Eternel mon ministère, au nom de Jésus-Christ.
- Béni soit de l'Eternel ma famille au nom de Jésus-Christ.
- Béni soit l'Eternel, car il a détruit les actions prophétiques sataniques qui influençaient ma vie et mon ministère au nom de Jésus-Christ. Amen.

## Table des matières

Printed by Books on Demand GmbH, Norderstedt / Germany